FIT IN DEUTSCH

Basiswissen Schritt für Schritt

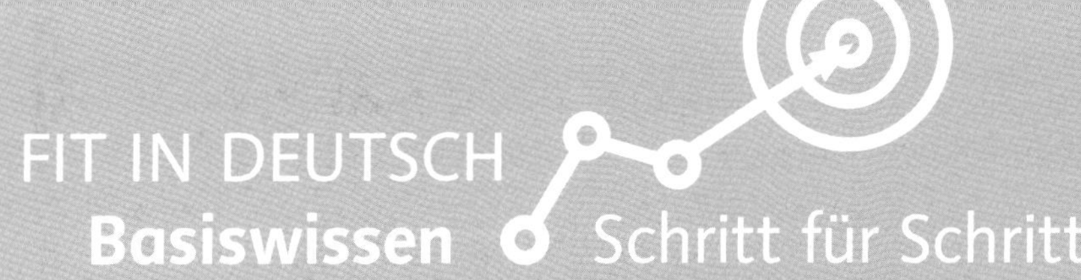

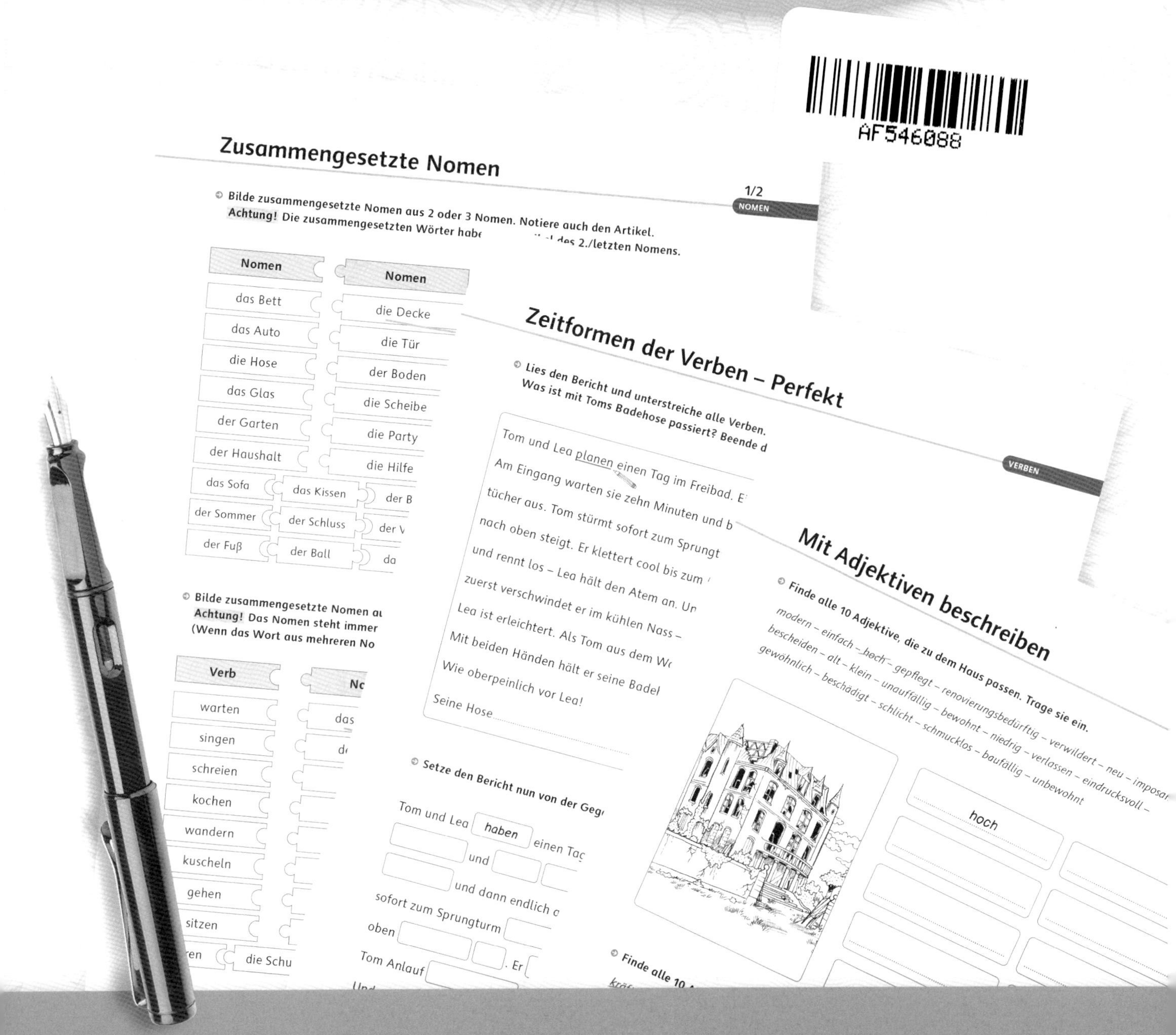

WORTARTEN

Nomen | Verben | Adjektive

Corina Altmann

Kopierfertiges Übungsmaterial für die Sek I

Verlag an der Ruhr

Impressum

Titel *Fit in Deutsch – Basiswissen Schritt für Schritt*
Wortarten: Nomen – Verben – Adjektive
Kopierfertiges Übungsmaterial für die Sek I

Autorin Corina Altmann

Motiv Titelbild und Deckblatt Wimmelbild: © balabolka;
Füller: © FabrikaSimf – beide Shutterstock.com

Druck AZ Druck und Datentechnik GmbH, Kempten, DE

Verlag an der Ruhr
Mülheim an der Ruhr
www.verlagruhr.de

Geeignet für die Klassen 5–9

ISBN 978-3-8346-6239-2

Inhaltsverzeichnis

Vorwort

Liebe Kolleg*innen,[1]

„Fit in Deutsch – Basiswissen Grammatik Schritt für Schritt" möchte Ihren Schüler*innen dabei helfen, Grundlagen im Bereich der **drei Wortarten Nomen, Verben** und **Adjektive** aufzuarbeiten und bestehende Grammatiklücken, begleitend zum Unterricht, zu schließen.

Der progressive, kleinschrittige Aufbau der Aufgaben und die selbsterklärenden Arbeitsblätter machen es den Schüler*innen leicht, selbstständig zu üben. Mit den zugehörigen 1 : 1-Lösungsseiten können sie ihre Ergebnisse selbstständig überprüfen und korrigieren, sodass Sie als Lehrkraft entlastet werden. Die Arbeitsblätter eignen sich für die Freiarbeit, als Bestandteil von Wochenplänen und Hausaufgaben oder für spezielle Förderstunden.

Das Aufgabenpensum pro Arbeitsblatt ist überschaubar, reduziert die Komplexität der Themen und unterstützt die Schüler*innen bei der Bewältigung ihres jeweiligen Übungspensums:

- Die Struktur der Arbeitsblätter hilft den Schüler*innen, den Überblick über die Teilthemen und die Gesamtmenge zu behalten und sich nicht im „Grammatikwald" zu verlaufen.
- Durch die überschaubaren Teilmengen sehen die Schüler*innen sofort, was sie schon geschafft haben, und sind motiviert, weiter am Ball zu bleiben.

Die vorliegenden Kopiervorlagen enthalten bewusst keine Regeln und Merksätze, da diese diejenigen Schüler*innen, die mit Grammatiklücken und -defiziten zu kämpfen haben, meist überfordern und von ihnen nicht zur Unterstützung genutzt werden (können) – speziell dann nicht, wenn sie diese selbst erlesen und eigenständig anwenden müssen. Ein Arbeitsblatt wird schnell als zu anspruchsvoll wahrgenommen, wenn man sich zunächst durch einen Informationstext arbeiten und die Verbindung zur Aufgabe selbst herstellen muss.

Selbstverständlich können und sollten Sie mit Ihren Schüler*innen Grammatikregeln auffrischen, ggf. ein Regelheft anlegen und die entsprechenden Hilfen mündlich geben, sodass die Schüler*innen auf dieser Grundlage in das selbstständige Üben einsteigen können.

Dort, wo es jedoch nicht ohne Erklärungen und Beispiele geht, finden Sie auch auf den Kopiervorlagen meist tabellarische Übersichten, die die Schüler*innen als Muster zur Bewältigung der zugehörigen Aufgaben nutzen können:

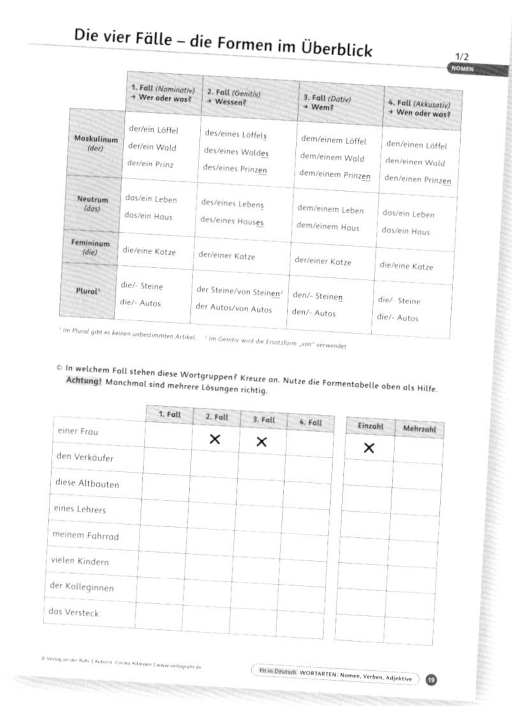

Die vier Fälle – die Formen im Überblick

1/2 NOMEN

	1. Fall (Nominativ) → Wer oder was?	2. Fall (Genitiv) → Wessen?	3. Fall (Dativ) → Wem?	4. Fall (Akkusativ) → Wen oder was?
Maskulinum (der)	der/ein Löffel der/ein Wald der/ein Prinz	des/eines Löffels des/eines Waldes des/eines Prinzen	dem/einem Löffel dem/einem Wald dem/einem Prinzen	den/einen Löffel den/einen Wald den/einen Prinzen
Neutrum (das)	das/ein Leben das/ein Haus	des/eines Lebens des/eines Hauses	dem/einem Leben dem/einem Haus	das/ein Leben das/ein Haus
Femininum (die)	die/eine Katze	der/einer Katze	der/einer Katze	die/eine Katze
Plural[1]	die/- Steine die/- Autos	der Steine/von Steinen[2] der Autos/von Autos	den/- Steinen den/- Autos	die/- Steine die/- Autos

[1] Im Plural gibt es keinen unbestimmten Artikel. [2] Im Genitiv wird die Ersatzform „von" verwendet.

In welchem Fall stehen diese Wortgruppen? Kreuze an. Nutze die Formentabelle oben als Hilfe. **Achtung!** Manchmal sind mehrere Lösungen richtig.

	1. Fall	2. Fall	3. Fall	4. Fall	Einzahl	Mehrzahl
einer Frau		X	X		X	
den Verkäufer						
diese Altbauten						
eines Lehrers						
meinem Fahrrad						
vielen Kindern						
der Kolleginnen						
das Versteck						

© Verlag an der Ruhr | Autorin: Corina Altmann | www.verlagruhr.de

Fit in Deutsch WORTARTEN: Nomen, Verben, Adjektive 19

Ich wünsche Ihnen und Ihren Schüler*innen nun viel Erfolg beim Auf- und Durcharbeiten der drei Wortarten und Freude bei der Bearbeitung der Aufgaben.

Corina Altmann

[1] *Der Verlag an der Ruhr legt großen Wert auf eine geschlechtergerechte und inklusive Sprache. Daher nutzen wir das Gendersternchen, um sowohl männliche und weibliche als auch nichtbinäre Geschlechtsidentitäten einzuschließen. Alternativ verwenden wir neutrale Formulierungen. Die Texte für Schüler*innen sind aus didaktischen Gründen nicht gegendert.*

NOMEN

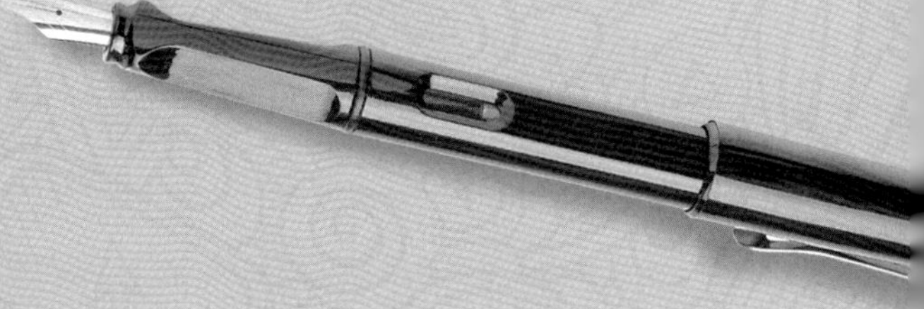

Nomen erkennen und finden

➜ **Zum Aufwärmen: Nomen oder nicht? Kreuze an.**
Es sind insgesamt 40 Nomen.

	ja	nein		ja	nein		ja	nein
KOPF	☒	☐	TIGER	☐	☐	LAUB	☐	☐
LAUFEN	☐	☐	VERLIEREN	☐	☐	NATUR	☐	☐
KONTROLLE	☐	☐	SPERRIG	☐	☐	WANDERN	☐	☐
WAND	☐	☐	VOR	☐	☐	NATÜRLICH	☐	☐
NARR	☐	☐	NORMAL	☐	☐	BUSFAHRERIN	☐	☐
FREUNDSCHAFT	☐	☐	WECHSELHAFT	☐	☐	GLÜCK	☐	☐
ANSPRUCH	☐	☐	BUS	☐	☐	OBST	☐	☐
OBEN	☐	☐	UND	☐	☐	SCHALL	☐	☐
KALT	☐	☐	RAD	☐	☐	STREICH	☐	☐
KERN	☐	☐	FLIEG	☐	☐	TOLERANZ	☐	☐
TOLL	☐	☐	BRÖTCHEN	☐	☐	BAD	☐	☐
SUCHEN	☐	☐	DAS	☐	☐	RUHE	☐	☐
OBER	☐	☐	ANTONIA	☐	☐	REITEN	☐	☐
SONNIG	☐	☐	BAHNHOF	☐	☐	FALLS	☐	☐
RIESE	☐	☐	GELD	☐	☐	RUBBELN	☐	☐
LISTE	☐	☐	VÄTERLICH	☐	☐	OHNE	☐	☐
WAHRHEIT	☐	☐	SPEZIALITÄT	☐	☐	RUF	☐	☐
LIEST	☐	☐	WESPE	☐	☐	RATLOS	☐	☐
STANDARD	☐	☐	DVD	☐	☐	COUSIN	☐	☐
FRUCHT	☐	☐	STRUMPF	☐	☐	WARUM	☐	☐
STIFT	☐	☐	MARKIEREN	☐	☐	KATZE	☐	☐
KRANKHEIT	☐	☐	RÄUBER	☐	☐	GEJOGGT	☐	☐

Nomen und ihre Artikel

➲ **Markiere alle Nomen mit einem Textmarker. Es sind insgesamt 30 Nomen. Schreibe sie anschließend mit Artikel (*der, die* oder *das*) auf.**
Denk dran: **Nomen werden großgeschrieben!**

T I E R S E I N H U T B L Ö D W U T G E H E N W A L D S A F T
U N D S O L L E N S A L B E A L B E R N D E N N K N O C H E N
S C H Ö N D E N K E N U N F A L L T O L L A L S O B E T T D E I N
R I C H T I G R E C H T K O M I S C H T I S C H K L E I N B R A U N
S A M T E R L I E B T B E I S E I F E S C H N E I E N T R I N K E N
W I R D L E E R D U R S T D U P U S T E N B R A U C H T U M
H A U T H Ö R E N B R O T R U F E N M A S C H I N E L I N I E
H Ü P F E N O D E R E R G E B N I S B L A U A B E R
D A S F L A S C H E T R A U R I G R A D I O V O R U N S L E I H E N
F R A U S C H R I E B K Ä U Z C H E N M E I N K L E I N U N D
S C H L A M M S C H Ö N F E I N S O F A G L A T T M U T
H Ä K E L N E N T S C H U L D I G U N G W O R T S O S P I N N E

die *(feminine Wörter)*	**der** *(maskuline Wörter)*	**das** *(neutrale Wörter)*
		das Tier

Nomen und ihre Artikel

Ergänze die fehlenden Artikel in der Tabelle.

	Maskulinum *männlich*	**Femininum** *weiblich*	**Neutrum** *sächlich*
unbestimmter Artikel	*ein*		
bestimmter Artikel		*die*	

Unterstreiche bei jedem Nomen den richtigen bestimmten und unbestimmten Artikel.

Zwilling → der / eine / ein / die

Nachbarin → eine / die / ein / das

Problem → das / eine / die / ein

Ankunft → ein / eine / die / der

Schema → die / ein / eine / das

Stich → eine / das / der / ein

Kasten → ein / der / die / eine

Musik → das / eine / die / ein

Ergänze bei jedem Nomen den unbestimmten und bestimmten Artikel.

unbestimmt	*bestimmt*		*unbestimmt*	*bestimmt*	
eine	*die*	**Melodie**	....	....	**Pastor**
....	....	**Dorf**	....	....	**Schublade**
....	....	**Argument**	....	....	**Räuber**

Manche Nomen haben mehrere Artikel mit unterschiedlicher Bedeutung. Schreibe die richtigen 4 Artikel zu diesen Nomen.

unbestimmt	*bestimmt*		*unbestimmt*	*bestimmt*
ein	*der*	← **Kiefer** →	*eine*	*die*
....	....	← **Steuer** →	....	....
....	....	← **See** →	....	....
....	....	← **Teil** →	....	....

Endungen femininer Wörter

Bei diesen Nomen fehlt die Endung. Suche die richtige Endung in der Tabelle und schreibe das Nomen mit dem weiblichen Artikel *die* dort auf.
Finde zu jeder Endung 1–2 eigene Wörter.

~~Schokol…~~ – Verschwiegen… – Nat… – Tend… – Mann… – Kann… – Dist… – Gar… – Kündig… – Poliz… – Frech… – Coll… – Mandar…– Traurig… – Freund… – Reinig… – Intellig… – Dat… – Fotograf… – Tass… – Problemat… – Masch…

Wörter mit diesen Endungen sind (oft) feminin. Sie haben den Artikel „die":

Endung	Beispielwörter
-ade	*die Schokolade,*
-age	
-anz	
-ei	
-enz	
-heit	
-ie	
-ik	
-ine	
-keit	
-schaft	
-ung	
-ur	
-e (oft)	

Endungen maskuliner Wörter

Bei diesen Nomen fehlt die Endung. Suche die richtige Endung in der Tabelle und schreibe das Nomen mit dem männlichen Artikel *der* dort auf. Finde zu jeder Endung 1–2 eigene Wörter.

~~Elef...~~ – Monit... – Comput... – Früh... – Bott... – Kön... – Kommand... – Organ... – Mot... – Kuch... – Schmetter...

Wörter mit diesen Endungen sind (oft) maskulin. Sie haben den Artikel „der":

Endung	Beispielwörter
-ant	*der Elefant,*
-ich	
-ig	
-ismus	
-ling	
-or	
-er (oft)	
-en (oft)	

Suche dir zu jeder Endung ein Wort aus der Tabelle aus. Schreibe einen lustigen Text mit den Wörtern.

....

....

....

....

....

....

....

....

....

Füller: Norbert Höveler

Endungen neutraler Wörter

Bei diesen Nomen fehlt die Endung. Suche die richtige Endung in der Tabelle und schreibe das Nomen mit dem sächlichen Artikel *das* dort auf. Finde zu jeder Endung 1–2 eigene Wörter.

~~Radies~~... – Jogg... – Kompli... – Benz... – Kli... – Stadi... – Fräu... – Train... – Quart... – Häus... – Alb... – Tabl... – Kom...

Wörter mit diesen Endungen sind neutral. Sie haben den Artikel „das":

Endung	Beispielwörter
-chen	das Radieschen,
-ett	
-in	
-ing	
-lein	
-ma	
-ment	
-um	

Suche dir zu jeder Endung ein Wort aus der Tabelle aus. Schreibe einen lustigen Text mit den Wörtern.

Mehrzahl (Plural)

Bilde die Mehrzahl (Plural) der Wörter.
Unterstreiche den Unterschied, wenn es einen gibt.

Schreibe die Nummer der Pluralform hinter die Nomen.

1 = Endung ***-e***
2 = Endung ***-e mit Umlaut***
3 = Endung ***-n***
4 = Endung ***-en***
5 = ohne Endung
6 = ohne Endung mit Umlaut
7 = Endung ***-er***
8 = Endung ***-er mit Umlaut***
9 = Endung ***-s***

die Flasche	die Flaschen	
das Auto		
der Vater		
die Universität		
das Kind		

der Baum		
der Teller		
der Dieb		1
das Haus		

Bilde die Mehrzahl (Plural) der Wörter.
Unterstreiche den Unterschied, wenn es einen gibt.

der Apfel	die Äpfel *(a → ä)*
der Arm	
der Kuss	*(u → ü)*
die Schule	
die Tochter	*(o → ö)*
die Mannschaft	
das Sofa	
der Ochse	
der Garten	*(a → ä)*
die Tür	

der Fisch	
die Umgebung	
das Dorf	*(o → ö)*
das Kamel	
der Kater	
der Job	
das Rad	*(a → ä)*
die Fahrt	
das Moor	
der Bäcker	

Mehrzahl (Plural)

Ergänze die fehlenden Einzahl- und Mehrzahlformen in der Tabelle.

Einzahl *(Singular)*	**Mehrzahl** *(Plural)*
der Elefant	*die Elefanten*
	die Bälle
das Kino	
	die Vögel
das Licht	
	die Bänder
das Messer	
	die Kitas

Einzahl *(Singular)*	**Mehrzahl** *(Plural)*
	die Studenten
das Büro	
	die Gläser
die Nacht	
	die Kalender
die Richtung	
	die Busse
die Omi	

Manche Nomen haben keine Mehrzahl (Plural). Andere gibt es nur in der Mehrzahl, sie haben keine Einzahl (Singular). Finde jeweils 10 Nomen. Kreise sie ein.

Nomen ohne Plural

Nomen ohne Singular

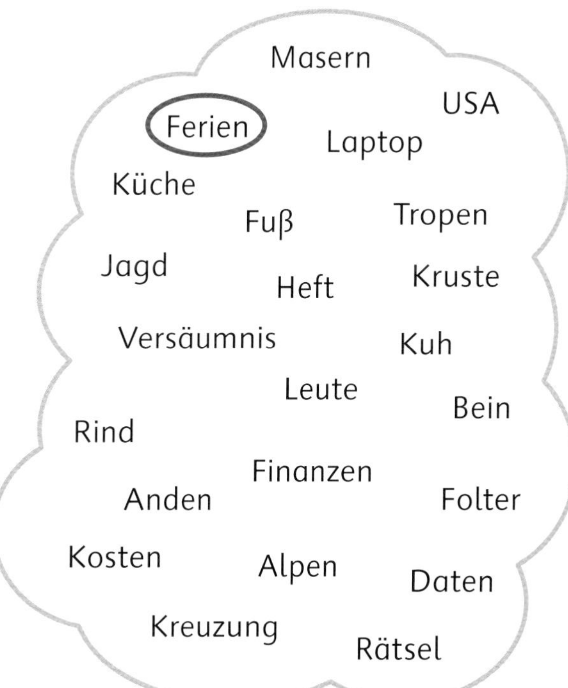

Nomen kategorisieren

Sortiere die Nomen. Schreibe sie mit Artikel zur richtigen Kategorie.

~~das Gebäude~~ – Frau Demir – die Kunst – die Liebe – der Becher – Katja Kieler – das Kamel – der Bach – die Konzentration – der Platz – das Kind – Köln – der Hunger – das Geräusch – die Krankheit – der Käfer – die Hose – der Reiseführer – die Müdigkeit – der Mount Everest – die Klempnerin – Belgien – das Karussell – Kim – die Ruhr – das Gefühl – die Lampe – der Käse – die Hoffnung – der Schlaf – der Berg – das Salz – der Tag – der Traum – Herr Sachs – die Kuh

Eigennamen
(z. B. Namen, Städte, Länder)

kann man sehen | **konkrete Nomen** (z. B. Menschen, Tiere, Pflanzen, Dinge) | **kann man fühlen**

das Gebäude,

nicht sichtbar

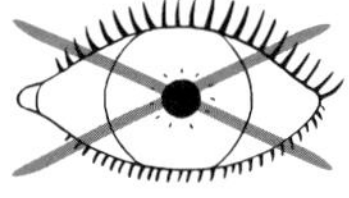

abstrakte Nomen
(z. B. Gefühle, Begriffe, Zustände)

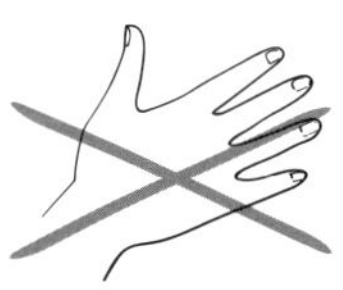

nicht fühlbar

Nomen kategorisieren

Welches Nomen passt nicht in die Reihe? Streiche es durch.
Finde anschließend einen Oberbegriff für die Wörterreihe.

Tiere

Pferd – Krokodil – ~~Bagger~~ – Raupe

....

Birke – Palme – Gänseblümchen – Kiefer

....

Birne – Kiwi – Kirche – Apfel

....

Mütze – Stuhl – Hose – Mantel

....

Bildschirm – Paketbote – Anwältin – Erzieher

....

Trompete – Wasserhahn – Violine – Querflöte

Welches Nomen passt nicht in die Reihe? Streiche es durch. Finde anschließend einen Oberbegriff für die Wörter. Wenn du Hilfe brauchst, schaue in das graue Feld unten.
Tipp: Es sind alles abstrakte Nomen, du kannst sie also weder sehen noch anfassen.

Eigenschaften

Dummheit – Ehrlichkeit – ~~Vergangenheit~~ – Klugheit

....

Vergessenheit – Mathematik – Psychologie – Chemie

....

Meter – Kernkraft – Watt – Gramm

....

Schlaf – Abgrund – Reise – Fahrt

....

Liebe – Mut – Unterschied – Verbundenheit

....

Freundschaft – Ehe – Partnerschaft – Verlogenheit

Maßeinheiten – Gefühle – Vorgänge – Wissenschaften – Beziehungen

Endungen schwieriger Nomen

Viele schwierige abstrakte Nomen kannst du an ihrer Endung erkennen. Sie stammen oft von einem Verb oder Adjektiv ab. Schreibe das passende Nomen mit Artikel in die Tabelle.

Endung	Verb/Adjektiv	Nomen mit Artikel
-ung	üben	die Übung
	entschuldigen	
-keit	heiter	
	arbeitslos	
-heit	krank	
	anwesend	
-nis	ergeben	
	verhalten	
-schaft	gefangen	

Endung	Verb/Adjektiv	Nomen mit Artikel
-schaft	schwanger	
-tät	naiv	
	elektrisch	
-ling	winzig	
	lieb	
-tum	heilig	
	alt	
-ion	frustrieren	
	funktionieren	

Setze die passenden Nomen in die Lücken ein.

~~Rechtfertigung~~ – Kommunikation – Heiserkeit – Reichtum – Gesundheit – Gesellschaft – Schmetterling – Realität – Verhältnis

Das ist keine Rechtfertigung für dein Verhalten.

Du lebst in einer Traumwelt. Komm zurück in die ______.

Ich muss meine Stimme schonen. Ich leide unter ______.

Ein Zitronenfalter ist ein ______.

______ ist nicht alles im Leben.

Ich wünsche dir Glück und ______.

Die Reform belastet unsere ______.

______ ist das Wichtigste in einer Beziehung.

Wir verstehen uns gut und haben ein freundschaftliches ______.

Zusammengesetzte Nomen

Bilde zusammengesetzte Nomen aus 2 oder 3 Nomen. Notiere auch den Artikel.
Achtung! Die zusammengesetzten Wörter haben den Artikel des 2./letzten Nomens.

Nomen	Nomen		→	zusammengesetztes Nomen mit Artikel
das Bett	die Decke		→	die Bettdecke
das Auto	die Tür		→	
die Hose	der Boden		→	
das Glas	die Scheibe		→	
der Garten	die Party		→	
der Haushalt	die Hilfe		→	
das Sofa	das Kissen	der Bezug	→	
der Sommer	der Schluss	der Verkauf	→	
der Fuß	der Ball	das Spiel	→	

Bilde zusammengesetzte Nomen aus Verb und Nomen. Notiere auch den Artikel.
Achtung! Das Nomen steht immer hinten. Die Wörter haben den Artikel des Nomens.
(Wenn das Wort aus mehreren Nomen besteht, liefert das letzte Nomen den Artikel.)

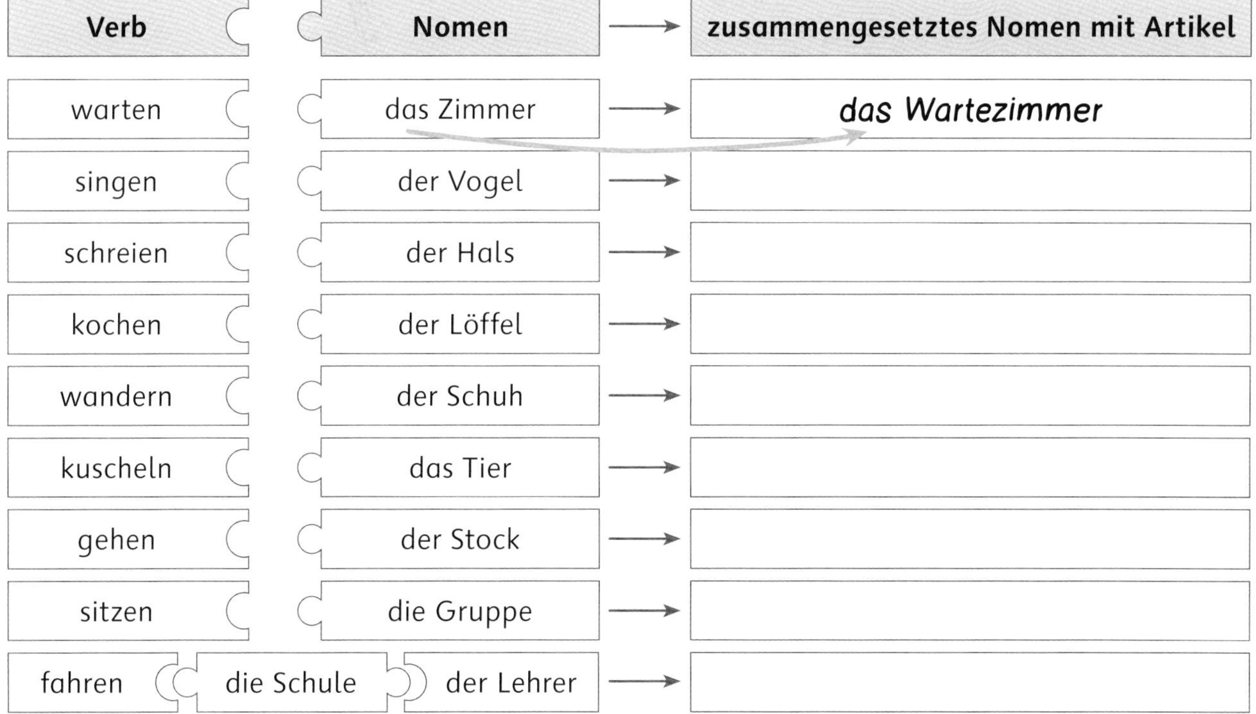

Verb	Nomen		→	zusammengesetztes Nomen mit Artikel
warten	das Zimmer		→	das Wartezimmer
singen	der Vogel		→	
schreien	der Hals		→	
kochen	der Löffel		→	
wandern	der Schuh		→	
kuscheln	das Tier		→	
gehen	der Stock		→	
sitzen	die Gruppe		→	
fahren	die Schule	der Lehrer	→	

Zusammengesetzte Nomen

➲ **Bilde zusammengesetzte Nomen aus Adjektiv und Nomen. Notiere auch den Artikel.**
Achtung! Die zusammengesetzten Wörter haben den Artikel des Nomens.
(Wenn das Wort aus mehreren Nomen besteht, liefert das letzte Nomen den Artikel.)

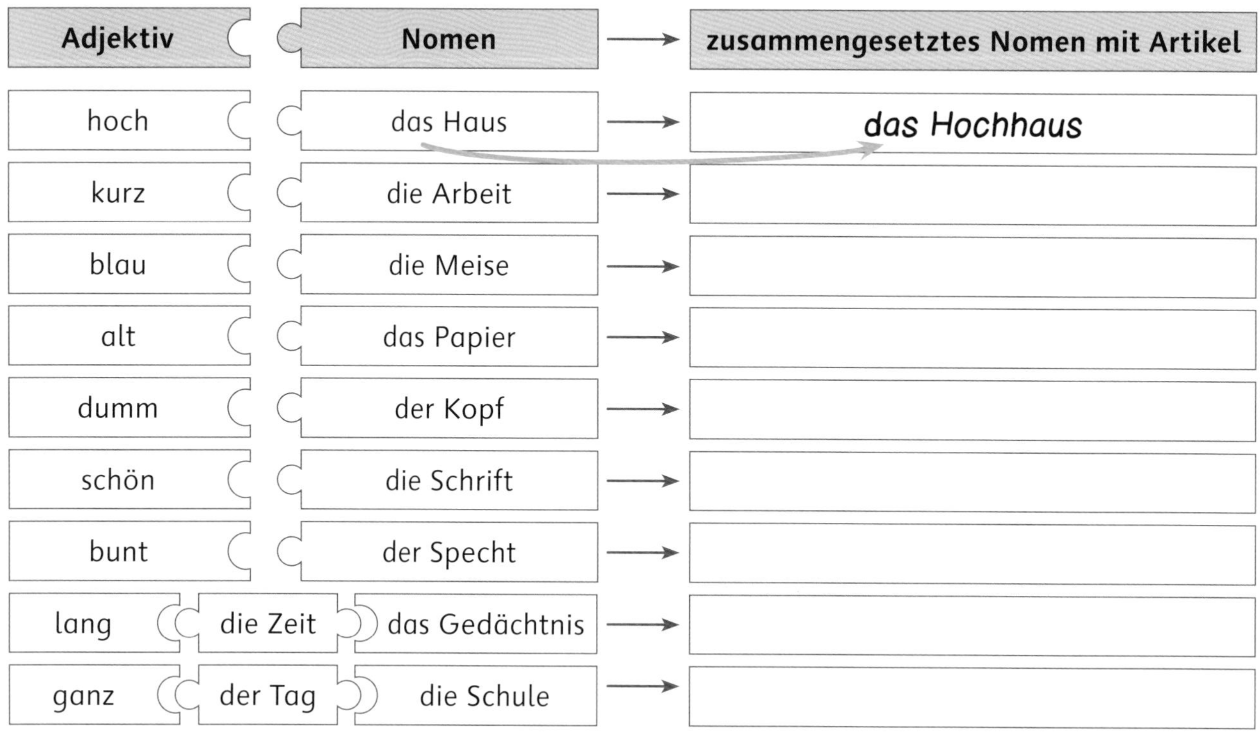

Adjektiv	Nomen		→	zusammengesetztes Nomen mit Artikel
hoch	das Haus		→	*das Hochhaus*
kurz	die Arbeit		→	
blau	die Meise		→	
alt	das Papier		→	
dumm	der Kopf		→	
schön	die Schrift		→	
bunt	der Specht		→	
lang	die Zeit	das Gedächtnis	→	
ganz	der Tag	die Schule	→	

➲ **Um welche zusammengesetzten Nomen handelt es sich? Löse die Worträtsel.**
Denke dir 3 eigene Worträtsel aus und schreibe sie mit Lösung auf.

Was ist ein Essen am Mittag? → *das Mittagessen*

Was ist eine Maschine zum Waschen? → ....

Kennst du die Zeit, die frei ist? → ....

Wie nennt man einen Pilz, der Glück hat? → ....

Was ist wohl ein Gummi zum Kauen? → ....

Wie nennt man ein Loch für Mäuse? → ....

.... → ....

.... → ....

.... → ....

Die vier Fälle – die Formen im Überblick

	1. Fall *(Nominativ)* → **Wer oder was?**	**2. Fall** *(Genitiv)* → **Wessen?**	**3. Fall** *(Dativ)* → **Wem?**	**4. Fall** *(Akkusativ)* → **Wen oder was?**
Maskulinum *(der)*	der/ein Löffel der/ein Wald der/ein Prinz	des/eines Löffels des/eines Waldes des/eines Prinzen	dem/einem Löffel dem/einem Wald dem/einem Prinzen	den/einen Löffel den/einen Wald den/einen Prinzen
Neutrum *(das)*	das/ein Leben das/ein Haus	des/eines Lebens des/eines Hauses	dem/einem Leben dem/einem Haus	das/ein Leben das/ein Haus
Femininum *(die)*	die/eine Katze	der/einer Katze	der/einer Katze	die/eine Katze
Plural[1]	die/- Steine die/- Autos	der Steine/von Steinen[2] der Autos/von Autos	den/- Steinen den/- Autos	die/- Steine die/- Autos

[1] *Im Plural gibt es keinen unbestimmten Artikel.* [2] *Im Genitiv wird die Ersatzform „von" verwendet.*

In welchem Fall stehen diese Wortgruppen? Kreuze an. Nutze die Formentabelle oben als Hilfe. Achtung! Manchmal sind mehrere Lösungen richtig.

	1. Fall	**2. Fall**	**3. Fall**	**4. Fall**	**Einzahl**	**Mehrzahl**
einer Frau		X	X		X	
den Verkäufer						
diese Altbauten						
eines Lehrers						
meinem Fahrrad						
vielen Kindern						
der Kolleginnen						
das Versteck						

Die vier Fälle – die Formen im Überblick

Vervollständige die Tabelle. Unterstreiche die Endungen, die sich ändern.

Nomen mit <u>bestimmten</u> Artikeln	1. Fall *(Nominativ)* → Wer oder was?	2. Fall *(Genitiv)* → Wessen?	3. Fall *(Dativ)* → Wem?	4. Fall *(Akkusativ)* → Wen oder was?
Maskulinum *(der)*	der Müll	des Müll<u>s</u>		
	der Kuss			
	der Matrose			
Neutrum *(das)*	das Konto			
	das Feld			
Femininum *(die)*	die Schule			
Plural	die Räder			
	die Gärten			

Vervollständige die Tabelle. Unterstreiche die Endungen, die sich ändern.

Nomen mit <u>unbestimmten</u> Artikeln	1. Fall *(Nominativ)* → Wer oder was?	2. Fall *(Genitiv)* → Wessen?	3. Fall *(Dativ)* → Wem?	4. Fall *(Akkusativ)* → Wen oder was?
Maskulinum *(der)*	ein Eimer	eines Eimer<u>s</u>		
	ein Hund			
	ein Zeuge			
Neutrum *(das)*	ein Segel			
	ein Kind			
Femininum *(die)*	eine Blume			
Plural	Pferde			
	Kinos			

Die vier Fälle – 1. Fall (Nominativ)

Frage nach dem unterstrichenen Wort im 1. Fall (Nominativ).

Frage zum 1. Fall: Wer oder was …?

Die Katze liegt auf dem Sofa. → *Wer (oder was) liegt auf dem Sofa?*

Mir schmeckt das Käsebrot nicht. → *(Wer oder) was schmeckt mir nicht?*

Der Kassierer gibt mir den Kassenbon. → ……………………

Jetzt sitzen die Schülerinnen und Schüler im Kreis. → ……………………

Kira und Firat fahren mit der Straßenbahn. → ……………………

Das Rezept hat mir meine Ärztin verschrieben. → ……………………

Ich besuche heute meine Oma. → ……………………

Die Wiese ist ganz vertrocknet. → ……………………

Frage nach dem Nominativ (1. Fall).
Unterstreiche den Nominativ (= Antwort auf die Frage).

Frage zum 1. Fall: Wer oder was …?

Emre fährt Roller. → *Wer (oder was) fährt Roller?*

Das Kaninchen läuft davon. → ……………………

Den Leuten gefällt das Theaterstück. → ……………………

Leonie schließt das Fenster. → ……………………

Im Bus sitzen wir immer hinten. → ……………………

Das Buch hat mir mein Bruder geliehen. → ……………………

Die Frau fährt viel zu schnell. → ……………………

Das glaubst du doch wohl selbst nicht! → ……………………

Die vier Fälle – 2. Fall (Genitiv)

Frage nach dem unterstrichenen Wort im 2. Fall (Genitiv).

Frage zum 2. Fall: Wessen ...?

Die Hose der Lehrerin hat ein Loch. → *Wessen Hose hat ein Loch?*

Enisas Hausaufgaben sind richtig. → *Wessen Hausaufgaben sind richtig?*

Der Stall des Hamsters ist dreckig. → ……………

Dustins Freund spielt sehr gut Handball. → ……………

Das Dach der Schule muss renoviert werden. → ……………

Das Wohnzimmer der Müllers ist sehr gemütlich. → ……………

Wir gedenken der Toten. → ……………

Das Essen meines Vaters schmeckt sehr gut. → ……………

Frage nach dem Genitiv (2. Fall).
Unterstreiche den Genitiv (= Antwort auf die Frage).

Frage zum 2. Fall: Wessen ...?

Das Zimmer meines Opas ist ganz oben. → *Wessen Zimmer ist ganz oben?*

Anissas Brille ist kaputt. → ……………

Das Portemonnaie des Kellners ist heruntergefallen. → ……………

Das Licht der Laterne scheint hell. → ……………

Julians Getuschel nervt mich. → ……………

Er wurde des Diebstahls beschuldigt. → ……………

Mich beruhigt das Rauschen des Meeres. → ……………

Frau Mertens Tasche wurde geklaut. → ……………

Die vier Fälle – 3. Fall (Dativ)

Frage nach dem unterstrichenen Wort im 3. Fall (Dativ).

Frage zum 3. Fall: Wem ...?

Ole gibt seiner Schwester ein Glas. → *Wem gibt Ole ein Glas?*

Meinem Freund geht es heute nicht gut. → *Wem geht es heute nicht gut?*

Das Auto nimmt der Radfahrerin die Vorfahrt. → ....

Der Junge kauft seinem Hund einen Ball. → ....

Das Schlüsselbund gehört der Hausmeisterin. → ....

Dem Maler fällt der Eimer herunter. → ....

Der Film hat den Kids gut gefallen. → ....

Ich habe ihm mein altes Spielzeug geschenkt. → ....

Frage nach dem Dativ (3. Fall).
Unterstreiche den Dativ (= Antwort auf die Frage).

Frage zum 3. Fall: Wem ...?

Ich glaube den anderen nicht. → *Wem glaube ich nicht?*

Nezha gratuliert ihrer Freundin zum Geburtstag. → ....

Der Klasse gefällt der Stundenplan nicht. → ....

Er erzählt seiner Tante davon. → ....

Dem Tiger schmeckt das Fleisch wohl nicht. → ....

Sie zeigt ihrem Vater den Test. → ....

Herr Haddad kauft seiner Frau einen Blumenstrauß. → ....

Wir laufen euch schon mal entgegen. → ....

Die vier Fälle – 4. Fall (Akkusativ)

Frage nach dem unterstrichenen Wort im 4. Fall (Akkusativ).

Frage zum 4. Fall: Wen oder was ...?

Den Roller habe ich nicht gesehen. → *(Wen oder) was habe ich nicht gesehen?*

Ich kenne Edda nicht gut. → *Wen (oder was) kenne ich nicht gut?*

Der Wind weht bunte Blätter von den Bäumen. → ....

Wir holen das Päckchen bei den Nachbarn ab. → ....

Sofija kauft eine Brezel. → ....

Die Karte habe ich heute bekommen. → ....

Dieses Spiel finde ich langweilig. → ....

Ich will euch hier nicht sehen! → ....

Frage nach dem Akkusativ (4. Fall).
Unterstreiche den Akkusativ (= Antwort auf die Frage).

Frage zum 4. Fall: Wen oder was ...?

Ich kenne das Kind nicht. → *Wen (oder was) kenne ich nicht?*

Der Hund frisst den Braten vom Tisch. → ....

Das Sofa haben wir hochgetragen. → ....

Wir grüßen die Nachbarn. → ....

Scherin hat der Vater gar nicht gesehen. → ....

Die Kinder haben das Zimmer verwüstet. → ....

Ich kaufe beim Bäcker fünf Brötchen. → ....

Den Teller habe ich zerbrochen. → ....

Die vier Fälle – den richtigen Fall bestimmen

➲ **In welchem Fall steht das unterstrichene Wort bzw. die Wortgruppe? Kreuze an.**

Satz	Nominativ	Genitiv	Dativ	Akkusativ
Ich tanze heute mit Minka in den Mai.	☐	☐	☒	☐
Dein Freund hat mir von dem Unfall erzählt.	☐	☐	☐	☐
Frau Keller hat alle Pralinen gegessen.	☐	☐	☐	☐
Dein Mitleid brauche ich nicht.	☐	☐	☐	☐
Wir lauschen dem Zwitschern der Vögel.	☐	☐	☐	☐
Den Rat will sie nicht hören.	☐	☐	☐	☐
Amaru gibt mir das Buch seiner Freundin.	☐	☐	☐	☐
Ich traue dem alten Mann nicht.	☐	☐	☐	☐
Das lässt sie sich nicht gefallen.	☐	☐	☐	☐
Den Satz schreibe ich noch zu Ende.	☐	☐	☐	☐

➲ **Setze die Wörter in der richtigen Form in die Lücken ein und ergänze einen Begleiter. Stelle die Frage und bestimme den Fall.**

Sie lädt [ihren Freund] (Freund) zum Essen ein.

Frage: *Wen (oder was) lädt sie zum Essen ein?* **Fall:** *Akkusativ*

Wir haben [ ] (Hamster) sein Futter gegeben.

Frage: ……………… **Fall:** ………

Adnan freut sich [ ] (Leben).

Frage: ……………… **Fall:** ………

Lange Spaziergänge macht [ ] (alte Dame) sehr gern.

Frage: ……………… **Fall:** ………

Nomen und ihre Begleiter – Pronomen

**Viele Pronomen können als Begleiter von Nomen verwendet werden.
Die Endung ändert sich dabei – wie bei den Artikeln – je nach Geschlecht, Fall und Numerus (= Einzahl/Mehrzahl).**

Trage die Pronomen aus den Klammern ein und passe die Endung an.
Tipp: Die Endungen (-e, keine Endung etc.) sind hier die gleichen wie bei den Artikeln.

eine Katze → deine (dein) Katze / .... (kein) Katze / .... (sein) Katze

der Hut → unser (unser) Hut / .... (dies) Hut / .... (welch) Hut

dem Kind → .... (euer) Kind / .... (mein) Kind / .... (ihr) Kind

den Leuten → .... (viele) Leuten / .... (alle) Leuten / .... (einige) Leuten

einen Stift → .... (ihr) Stift / .... (welch) Stift / .... (dies) Stift

die Feen → .... (manch) Feen / .... (solch) Feen / .... (wenige) Feen

eines Lehrers → .... (dein) Lehrers / .... (jene) Lehrers / .... (euer) Lehrers

Trage die Pronomen aus der Wolke in die Sätze ein.
Achte auf die Endungen! Jedes Pronomen passt nur in einen Satz.
Denk dran: Am Satzanfang werden die Wörter großgeschrieben!

Ich bin mit .... Handy sehr zufrieden.

.... Paket ist für mich?

Tut mir leid, ich habe gar .... Ahnung.

.... Teil hier ist wirklich schön!

Das Zimmer .... Bruders ist immer sehr ordentlich.

.... Schülerinnen machen gerne Sport.

Sei vorsichtig damit! Das gehört .... Mutter.

welches
meines
ihrer
viele
diesem
keine
jedes

Nomen und ihre Begleiter – Präpositionen mit Artikel

Wenn bestimmte Präpositionen *(zu, an, in, bei, von)* **vor dem bestimmten Artikel** *(dem, das, der)* **stehen, müssen sie oft zu einem Wort verschmelzen. Setze Präposition und Artikel zu einem Wort zusammen und setze den Pfeil. Formuliere anschließend 5 Beispielsätze.**

zu dem → zum	an das →	bei dem → ....
zu der →	in dem →	von dem → ....
an dem →	in das →	

Beispielsätze: Zum Einkaufen nehme ich immer eine Stofftasche mit.

Es gibt weitere Präpositionen, die mit bestimmten Artikeln verschmelzen können. Verbinde Präposition und Artikel zu einem Wort und setze den Pfeil. Formuliere anschließend 5 Beispielsätze.
Achtung: Diese Verschmelzungen verwendet man meist nur in der gesprochenen Sprache!

auf das → aufs	hinter den →	unter den → ....
durch das →	über den →	unter dem → ....
für das →	über das →	vor dem → ....
hinter das →	um das →	vor das → ....

Beispielsätze:

Substantivierungen

- **Bilde aus den Verben Nomen (Substantivierung), indem du die Verben großschreibst. Formuliere anschließend je einen passenden Beispielsatz mit dem vorgegebenen Begleiter.**

Verb: **fahren** → Substantivierung: **das** Fahren

Beispielsatz: Das Fahren mit meinem neuen Fahrrad macht Spaß.

Verb: **schlafen** → Substantivierung: **zum**

Beispielsatz:

Verb: **schreien** → Substantivierung: **dein**

Beispielsatz:

Verb: **essen** → Substantivierung: **beim**

Beispielsatz:

- **Bilde aus den Adjektiven Nomen (Substantivierung). Formuliere anschließend je einen passenden Beispielsatz mit dem vorgegebenen Begleiter.**

Adjektiv: **neu** → Substantivierung: **viel** Neues

Beispielsatz: Es gibt nicht viel Neues.

Adjektiv: **klein** → Substantivierung: **der**

Beispielsatz:

Adjektiv: **schlimm** → Substantivierung: **das**

Beispielsatz:

Adjektiv: **gut** → Substantivierung: **etwas**

Beispielsatz:

Substantivierungen

In diesen Sätzen verstecken sich Verben und Adjektive, die zu Nomen geworden sind (Substantivierungen). Du erkennst sie daran, dass sie einen Begleiter haben. Unterstreiche die Wörter und deren Begleiter. Notiere sie im Kasten.

Satz	Kasten
Beim Joggen kommt die Frau aus der Puste.	beim Joggen
Das ist das Lustigste, was ich je gehört habe.	
Zum Kochen brauchen wir das Rezept meiner Oma.	
Heute habe ich nicht viel Neues gelernt.	
Ihr Schnarchen hält Kalle die ganze Nacht wach.	
Dieses Quietschen ist nicht auszuhalten.	
Beim Spazierengehen unterhalten sie sich viel.	
Das Lachen ist ansteckend.	

Groß oder klein? Überprüfe, ob es sich um eine Substantivierung handelt oder nicht. Kreuze an, welche Schreibweise richtig ist.

Wo ist der schöne Junge?	☒	Wo ist der Schöne Junge?	☐
Das wichtigste ist die Gesundheit.	☐	Das Wichtigste ist die Gesundheit.	☐
Ich gehe gerne tanzen.	☐	Ich gehe gerne Tanzen.	☐
Sie hatte einen Unfall beim radfahren.	☐	Sie hatte einen Unfall beim Radfahren.	☐
Ich habe durch fleißiges lernen bestanden.	☐	Ich habe durch fleißiges Lernen bestanden.	☐
Das ist eine gute Idee.	☐	Das ist eine Gute Idee.	☐
Er kann nicht so gut zeichnen.	☐	Er kann nicht so gut Zeichnen.	☐
Da war viel schönes dabei!	☐	Da war viel Schönes dabei!	☐
Alle mal herhören!	☐	Alle mal Herhören!	☐

VERBEN

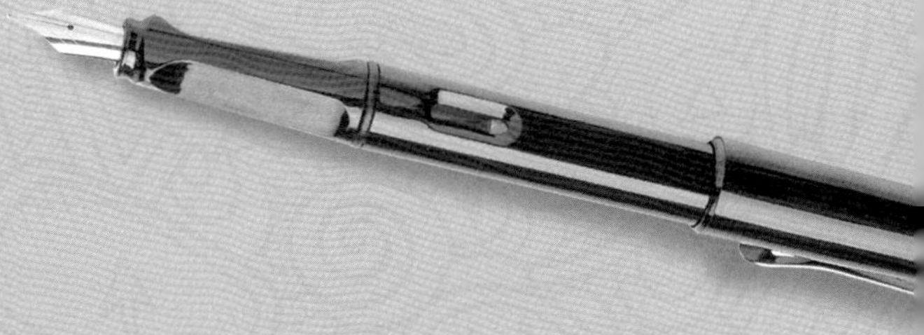

Verben erkennen und finden

➲ **Zum Aufwärmen: Verb oder nicht? Kreuze an. Es sind 40 Verben in verschiedenen Formen.**

	ja	nein		ja	nein		ja	nein
KANNE	☐	☒	BACKEN	☐	☐	DARF	☐	☐
HAFEN	☐	☐	LUSTIG	☐	☐	VERSTEHEN	☐	☐
TRÄUMT	☐	☐	ANFANGEN	☐	☐	UNTEN	☐	☐
BODEN	☐	☐	MUSS	☐	☐	VORN	☐	☐
GELAUFEN	☐	☐	NIEST	☐	☐	LESUNG	☐	☐
NATÜRLICH	☐	☐	FADEN	☐	☐	AUSDENKEN	☐	☐
GELINGEN	☐	☐	ZERBRICHT	☐	☐	WIDERLICH	☐	☐
MÜSSTE	☐	☐	ÜBERHOLST	☐	☐	KÖNNTE	☐	☐
SEELEN	☐	☐	GIB	☐	☐	KÄLTER	☐	☐
BERATEN	☐	☐	FAND	☐	☐	ERBAUT	☐	☐
ZIEHEN	☐	☐	BEKOMME	☐	☐	SUPPEN	☐	☐
BEDAUERN	☐	☐	SURFT	☐	☐	HOPPLA	☐	☐
MITHILFE	☐	☐	NIMMST	☐	☐	GEBRATEN	☐	☐
FRIEDEN	☐	☐	TRÄGST	☐	☐	WEGEN	☐	☐
LASSEN	☐	☐	TROCKNEN	☐	☐	TÜCHER	☐	☐
KOPIERT	☐	☐	GERN	☐	☐	NENNEN	☐	☐
GEWUSST	☐	☐	SANFT	☐	☐	MONATE	☐	☐
HÄNGEN	☐	☐	RASTEN	☐	☐	LOCHER	☐	☐
SONDERBAR	☐	☐	MARTIN	☐	☐	EINLEGEN	☐	☐
ABHOLEN	☐	☐	GEWESEN	☐	☐	HAST	☐	☐
SCHREIB	☐	☐	PFLASTER	☐	☐	TUST	☐	☐
VERGANGEN	☐	☐	BLEIBE	☐	☐	SCHEIBE	☐	☐

Verben erkennen und finden

➲ Markiere alle Verbformen mit einem Textmarker. Es sind 30 Verben.
Achtung! Die meisten der Verben stehen in einer gebeugten Form.

BILDGEHSTSELTENNIMMTFLÄCHEAUCHWOHNEHAT
WANNZIMMERHOLENKOMMTGEBIRGEHÜBSCH
FÄLLTRICHTIGBALKONREGNETKÄMPFSTWÄSCHE
BRAUCHEALLEAKZEPTIERTSCHNELLSORGSAM
WANDERTSEGELSTKINOKATERBEWERBUNG
WERKSCHNATTERNHAUFENBRICHTHASEN
GLÜCKLICHDORTÖFFNESTKOCHDICHBLAUANGELE
RABENBERGSAUSENLEBTBEIMROSEESWÜNSCHST
HONIGBESENWEDELTLINKSWILLNIEÜBERZEUGE
NÜCHTERNRADIOIMPOLTERTISSTLEHRERGRATULIERE
UNTENRINGVIELESERÖRTERNHEULTNUNBUSCHLOS
HEIMATMEINSTRICKEGEFAHRFEUERWEHRVERFÄHRT

➲ Schreibe die gefundenen Verben in der Grundform (= im Infinitiv) in die Tabelle.
Die meisten Grundformen enden auf -en, aber es gibt auch Verben auf -ern und -eln.

Grundform auf -en (23x)			Grundform auf -eln (3x)
gehen			
			Grundform auf -ern (4x)

Verben erkennen und finden

Unterstreiche alle Verbformen in den Sätzen.
Achtung! Verbformen können aus mehreren Teilen bestehen.

- Paula sucht ein passendes Geburtstagsgeschenk für ihre Schwester.
- Wo ist deine Regenjacke?
- Mein Handy funktionierte plötzlich nicht mehr.
- Wann kommst du morgen an?
- Oles Großvater sammelt Briefmarken und bewahrt sie in einem Album auf.
- Familie Busch fährt Mittag essen.
- Wie können wir die Lösung herausfinden?
- Warum habt ihr die Klassenarbeit nicht mitgeschrieben?
- Amira ist in den Weihnachtsferien nach Ägypten geflogen, um ihre Großeltern zu besuchen.
- Anja nahm ein Buch aus der Tasche heraus und begann, genüsslich darin zu lesen.
- Das Café machte die besten Torten, die ich jemals gegessen habe.
- Der Professor hatte eine Entdeckung gemacht, aber sie wurde ihm gestohlen.
- Ich musste nach dem Weg fragen, als ich mich verlaufen hatte.
- Am Nachmittag geht unsere Nachbarin immer eine Runde joggen.
- Bist du krank?
- Du sollst mich nicht ständig stören!
- Wasch doch bitte noch ab, bevor du losgehst!
- Als es anfing, zu regnen, sind wir erst einmal im Hotel geblieben.
- Die Hündin Laika war das erste Lebewesen, das Menschen ins Weltall schickten.
- Wann will Sandra uns denn Bescheid sagen?
- Mein Vater hat schon wieder seinen Führerschein zu Hause vergessen.
- Die ältere Dame brauchte dringend Hilfe, denn ihr Fuß steckte fest.
- Ich möchte dir gern noch zum Geburtstag gratulieren, wenn es auch etwas spät kommt.
- Wir versuchten, das Rätsel zu lösen, aber es wollte uns einfach nicht gelingen.
- Carola hatte ihre Freundinnen noch nie im Stich gelassen.
- Nachdem sie angekommen waren, liefen sie sofort zu ihren Eltern.
- An der Tür hing ein Schild: „Heute geschlossen!"
- Das Baby zappelt ungeduldig auf seinem Stuhl herum.

Personalformen der Verben

Ergänze die Übersicht über die Personalformen in der Gegenwartsform (= im Präsens).

machen	essen	schlafen	haben	sein
ich mache	*ich esse*			*ich bin*
			du hast	*du bist*
er/sie/es macht		*er/sie/es schläft*		
	wir essen	*wir schlafen*	*wir haben*	
ihr macht			*ihr habt*	
	sie essen	*sie schlafen*		*sie sind*

Seid oder *seit*? Ergänze die Sätze. **Tipp:** Das Wort *seit* hat mit Zeitangaben zu tun.

A: ______ wann ______ ihr zu Hause?

B: Wir sind schon ______ zwei Stunden zu Hause. Aber wo ______ ihr?

Setze die Verben in die richtige Personalform.
Verwende die Gegenwartsform (= das Präsens).

warten ich *warte*	**beginnen** du	**anhalten** er	**waschen** du ....
versprechen du	**lesen** es	**arbeiten** ihr	**bummeln** ich ....
einladen er	**sein** ihr	**raten** er	**aussehen** du ....
müssen ihr	**aufnehmen** er	**gelten** es	**zuhören** ich ....

Zeitformen der Verben – Überblick

➲ **Schaue dir die Verben in den verschiedenen Zeitformen an. Wie verändern sie sich? Markiere Besonderheiten.**

Grundform / Zeitform	kaufen	gehen	erkennen
Präsens	er kauft	sie geht	ich erkenne
Präteritum	er kaufte	sie ging	ich erkannte
Perfekt	er hat gekauft	sie ist gegangen	ich habe erkannt
Plusquamperfekt	er hatte gekauft	sie war gegangen	ich hatte erkannt
Futur I	er wird kaufen	sie wird gehen	ich werde erkennen
Futur II	er wird gekauft haben	sie wird gegangen sein	ich werde erkannt haben

➲ **Fülle die Lücken in der Tabelle mit den richtigen Verbformen.**

Grundform / Zeitform	nehmen	haben	reisen
Präsens	er nimmt	du hast	ich ....
Präteritum	er	du	ich ....
Perfekt	er hat	du .... gehabt	ich ....
Plusquamperfekt	er .... genommen	du hattest	ich .... gereist
Futur I	er .... nehmen	du	ich .... reisen
Futur II	er wird .... haben	du wirst .... haben	ich werde gereist ....

Zeitformen der Verben – Überblick

Bilde von den angegebenen Verben die Zeitformen, die in den Tabellen stehen.
Vervollständige die Tabellen.
Finde für jede Tabellenspalte noch ein weiteres passendes Verb.

~~fressen~~ – helfen – schließen – schneiden – schreiben – singen

treiben – trieb – getrieben	reiten – ritt – geritten	nehmen – nahm – genommen

finden – fand – gefunden	geben – gab – gegeben	fliegen – flog – geflogen
	fressen –	

lassen – schmelzen – schwimmen – sitzen – tragen

fallen – fiel – gefallen	bitten – bat – gebeten	heben – hob – gehoben

fahren – fuhr – gefahren	beginnen – begann – begonnen

Zeitformen der Verben – Präteritum

➲ **Lies das Märchen und setze die Verben in Klammern im Präteritum ein.**

Der süße Brei

Es *war* **(sein)** einmal ein armes Mädchen, das mit seiner Mutter allein ____ **(leben)**, und sie ____ **(haben)** nichts mehr zu essen. Da ____ **(gehen)** das Kind hinaus in den Wald, wo ihm eine alte Frau ____ **(begegnen)**, die von seinem Hunger schon ____ **(wissen)**. Sie ____ **(schenken)** ihm ein Töpfchen, zu dem das Mädchen sagen ____ **(sollen)**: „Töpfchen, koche!" So ____ **(kochen)** es guten, süßen Hirsebrei. Und wenn es ____ **(sagen)**: „Töpfchen, steh!", so ____ es wieder ____ **(aufhören)**, zu kochen. Das Mädchen ____ den Topf seiner Mutter ____ **(heimbringen)** und nun ____ **(sein)** sie nicht mehr hungrig und ____ **(essen)** süßen Brei, sooft sie ____ **(wollen)**.

Einmal ____ **(sein)** das Mädchen nicht zu Hause, als die Mutter Hunger ____ **(bekommen)** und ____ **(sagen)**: „Töpfchen, koche!" Da ____ **(kochen)** es und die Mutter ____ **(essen)** sich satt. Nun ____ **(wollen)** sie, dass das Töpfchen wieder ____ **(aufhören)**, aber sie ____ **(wissen)** das Wort nicht mehr. Also ____ **(kochen)** das Töpfchen weiter und der Brei ____ über den Rand ____ **(hinaussteigen)**. So ____ **(kochen)** es weiter und weiter, die Küche und das ganze Haus voll und dann die Straße, als ____ **(wollen)** es die ganze Welt satt machen. Kein Mensch ____ **(wissen)** sich da zu helfen. Endlich, als nur noch ein einziges Haus übrig ____ **(sein)**, ____ **(kommen)** die Tochter nach Hause und ____ **(sprechen)** nur: „Töpfchen, steh!" Da ____ **(stehen)** es endlich still – und wer wieder in die Stadt ____ **(wollen)**, der ____ **(müssen)** sich durchessen.

Quelle: Jacob und Wilhelm Grimm: Kinder- und Hausmärchen. Holzinger, München 1977, S. 508/509, www.zeno.org/nid/20004904648, Wortlaut hier aus didaktischen Gründen angepasst

Müslischale: Norbert Höveler

Zeitformen der Verben – schwierige Vergangenheitsformen

Manche Verben haben 2 Vergangenheitsformen mit unterschiedlicher Bedeutung. Ergänze die beiden Formen und setze die richtige Präteritumform in die Sätze ein.

schaffen

schuf – **geschaffen** Der Künstler ______ das Gemälde in nur drei Tagen.

______ – **geschafft** Mila ______ die Fahrprüfung gleich im ersten Anlauf.

hängen

______ – **gehangen** Julian ______ das Fußballposter über sein Bett.

hängte – ______ Die Wäsche ______ auf der Leine, bis sie trocken war.

wiegen

______ – **gewogen** Das Weihnachtspäckchen von Oma ______ zwei Kilo.

______ – **gewiegt** Die Mutter ______ das Kind auf dem Arm hin und her.

bewegen

bewog – *bewogen* Was ______ die Autorin wohl dazu, diesen Roman zu schreiben?

______ – **bewegt** Das Auto war festgefahren. Es ______ sich weder vor noch zurück.

schleifen

______ – **geschliffen** Ich konnte das Paket nicht heben und ______ es in die Wohnung.

schleifte – ______ Die Juweliere ______ die Diamanten zu kostbaren Schmuckstücken.

erschrecken

______ – **erschrocken** Die ganze Klasse ______ von dem heftigen Donnergrollen.

______ – **erschreckt** Das heftige Donnergrollen ______ die ganze Klasse.

Zeitformen der Verben – Perfekt

- **Lies den Bericht und unterstreiche alle Verben.**
  Was ist mit Toms Badehose passiert? Beende den Satz.

Tom und Lea planen einen Tag im Freibad. Eilig packen sie ihre Rucksäcke und fahren los. Am Eingang warten sie zehn Minuten und breiten dann endlich auf der Wiese ihre Handtücher aus. Tom stürmt sofort zum Sprungturm. Fasziniert beobachtet Lea, wie ihr Held nach oben steigt. Er klettert cool bis zum 5-Meter-Brett hoch. Dann nimmt Tom Anlauf und rennt los – Lea hält den Atem an. Und schon fliegt Tom durch die Luft! Mit dem Po zuerst verschwindet er im kühlen Nass – und taucht wieder auf.

Lea ist erleichtert. Als Tom aus dem Wasser steigt, hat er allerdings einen knallroten Kopf.

Mit beiden Händen hält er seine Badehose fest und schleicht zum Handtuch.

Wie oberpeinlich vor Lea!

Seine Hose ....

- **Setze den Bericht nun von der Gegenwart (Präsens) in die Vergangenheit (Perfekt).**

Tom und Lea [*haben*] einen Tag im Freibad [*geplant*]. Eilig [ ] sie ihre Rucksäcke [ ] und [ ] [ ]. Am Eingang [ ] sie zehn Minuten [ ] und dann endlich auf der Wiese ihre Handtücher [ ]. Tom [ ] sofort zum Sprungturm [ ]. Fasziniert [ ] Lea [ ], wie ihr Held nach oben [ ] [ ]. Er [ ] cool bis zum 5-Meter-Brett [ ]. Dann [ ] Tom Anlauf [ ] und [ ] [ ] – Lea [ ] den Atem [ ]. Und schon [ ] Tom durch die Luft [ ]! Mit dem Po zuerst [ ] er im kühlen Nass [ ] – und wieder [ ]. Lea [ ] erleichtert [ ]. Als Tom aus dem Wasser [ ] [ ], [ ] er allerdings einen knallroten Kopf [ ]. Mit beiden Händen [ ] er seine Badehose [ ] und [ ] zum Handtuch [ ]. Wie oberpeinlich vor Lea! Seine Hose … [ ] [ ].

Stift: Anja Boretzki

Zeitformen der Verben – Plusquamperfekt

Ergänze die Sätze wie im Beispiel. Für die frühere Handlung benutzt du das Plusquamperfekt, für die spätere das Präteritum.

essen – machen

→ Nachdem Familie Petersen *gegessen hatte* , *machte* sie einen Spaziergang.

beenden – wechseln

→ Nachdem ich die Grundschule .... , ... ich auf eine neue Schule.

landen – beginnen

→ Als die Klasse in Paris .... , ... es, zu regnen.

kommen – verlassen

→ Die Polizei .... erst, nachdem der Dieb das Haus ....

ausruhen – gehen

→ Wir .... uns ...., als unsere Verwandten nach Hause ....

küssen – schauen

→ Ronja und Joshua .... sich, nachdem sie sich lange in die Augen ....

Bilde Sätze wie im Beispiel. Für die frühere Handlung benutzt du das Plusquamperfekt, für die spätere das Präteritum. Unterstreiche die beiden Verbformen.

unser Kater – eine Weile abwarten – auf den Esstisch springen

Nachdem *unser Kater eine Weile abgewartet hatte, sprang er auf den Esstisch.*

die Polizistin – seinen Führerschein kontrollieren – der Lkw-Fahrer – weiterfahren können

.... , als ....

der Prinz – die Prinzessin befreien – sie heiraten dürfen

Als ....

ich – Licht ausschalten – sofort einschlafen

.... , nachdem ....

meine Schwester – vom Shopping zurückkehren – mir ihre Ausbeute zeigen

Als ....

Zeitformen der Verben – Futur I/Futur II

Futur I

➲ **Ergänze links die Formen von *werden*. Setze die Sätze rechts in die Zukunftsform.**

ich *werde*

du ....

er/sie/es ....

wir ....

ihr ....

sie ....

Johannas Eltern brauchen bald eine größere Wohnung.

→ *Johannas Eltern werden bald eine größere Wohnung brauchen.*

Was machst du am Wochenende?

→ ....

Igor ist beim Weitsprung wieder der Beste.

→ ....

Verreist ihr im Sommer?

→ ....

Diesmal schaffe ich eine Zwei in Mathe!

→ ....

Futur II

➲ **Beantworte die Fragen mit einer Vermutung wie im Beispiel. Markiere die Verbform.**

Was glaubst du? Warum war Miriam nicht auf dem Fest?

→ *(vergessen)* → *Sie wird es vergessen haben.*

Was glaubst du? Warum haben Anne und Eva die Prüfung nicht bestanden?

→ *(zu wenig lernen)* → *Sie* ....

Was glaubt ihr? Warum ist Robin nicht mit ins Museum gegangen?

→ *(krank sein)* → *Er* ....

Was glaubt ihr? Warum sind die Zwillinge heute nicht da?

→ *(den Bus verpassen)* → *Sie* ....

Was glaubst du? Warum hat man Luisa nicht mehr in den Theatersaal gelassen?

→ *(zu spät kommen)* → *Sie* ....

Modalverben

➲ **Ergänze die Übersicht über die Personalformen.**

Grundform	Präsens	Präteritum	Perfekt
können	ich kann lesen	ich .... lesen	ich ....
müssen	ich .... lesen	ich musste lesen	ich habe lesen müssen
....	ich möchte lesen	ich .... lesen	ich ....
wollen	ich .... lesen	ich wollte lesen	ich habe lesen wollen
....	ich soll lesen	ich .... lesen	ich ....
mögen	ich .... lesen	ich mochte lesen	ich habe lesen mögen
....	ich darf lesen	ich .... lesen	ich ....

➲ **Setze ein passendes Modalverb in der richtigen Gegenwartsform ein.**
Achtung! Manchmal passen mehrere Verben.

Ich brauche Mehl für den Kuchenteig. [*Kannst*] du mir zeigen, wo es steht?

Wer von euch [ ] ein Schokoladeneis?

Bitte sag Klara, dass sie sofort zur Schulleiterin kommen [ ].

Du [ ] schleunigst zum Zahnarzt, wenn du Schmerzen hast!

Sofia ist erst seit wenigen Monaten in Deutschland, aber sie [ ] schon gut Deutsch.

[ ] ihr lieber Hunde oder Katzen?

Reinigungsmittel [ ] nicht so aufbewahrt werden, dass kleine Kinder sie erreichen.

Nächsten Samstag [ ] Erik gern seinen Onkel in Bayern besuchen.

Eis: Norbert Höveler

Modalverben

Modalverben können umschrieben werden.
Welcher Ausdruck hat dieselbe Bedeutung wie das Modalverb?
Schreibe den richtigen Buchstaben in die Tabelle.

1.	sie darf
2.	er soll
3.	sie möchte
4.	er kann
5.	sie muss nicht
6.	er darf nicht
7.	er muss
8.	er will
9.	sie kann

A	es ist notwendig
B	er hat den Auftrag
C	es ist ihm möglich
D	sie hat den Wunsch
E	es ist ihm verboten
F	sie hat die Erlaubnis
G	es ist nicht nötig
H	sie ist fähig
I	er hat Lust

→	**1.**	*F*
→	**2.**	
→	**3.**	
→	**4.**	
→	**5.**	
→	**6.**	
→	**7.**	
→	**8.**	
→	**9.**	

Modalverben können auch anzeigen, wie sicher eine Aussage ist.
Unterstreiche das Modalverb im Satz.
Kreuze dann an, wie sicher die Aussage deiner Meinung nach ist.

Mein Freund müsste das wissen. → Mein Freund weiß das
- ☐ ganz sicher
- ☒ wahrscheinlich.
- ☐ vielleicht.

Am Freitag könnte der Unterricht ausfallen. → Er fällt
- ☐ ganz sicher aus.
- ☐ wahrscheinlich aus.
- ☐ vielleicht aus.

Morgen soll es regnen. →
- ☐ Ich weiß genau, dass es morgen regnet.
- ☐ Ich habe gehört, dass es morgen regnet.
- ☐ Ich glaube nicht, dass es morgen regnet.

Verben mit Vorsilben

➲ **Mit welchen der Vorsilben kannst du die beiden Verben verbinden? Schreibe alle möglichen Kombinationen in der Grundform auf.**

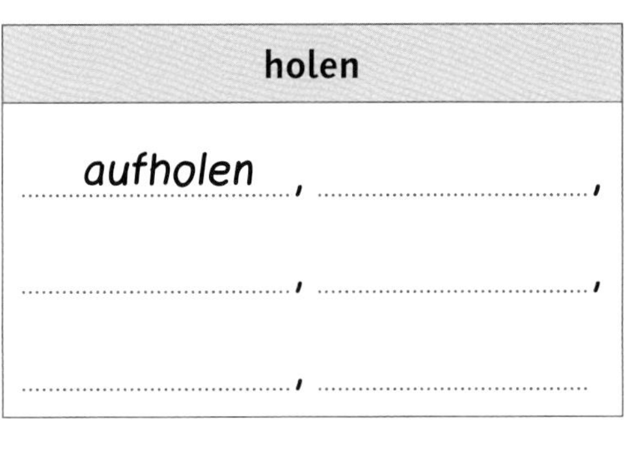

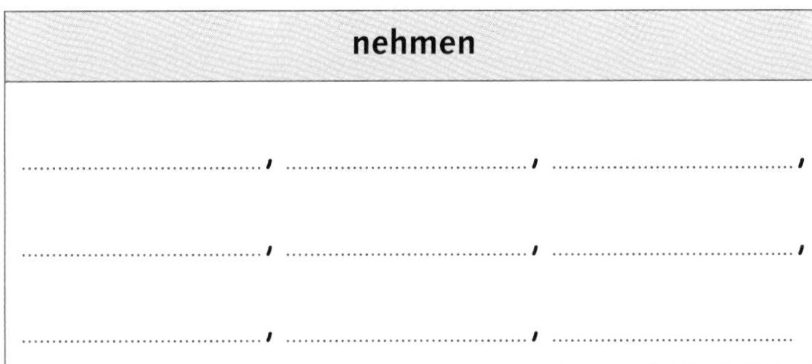

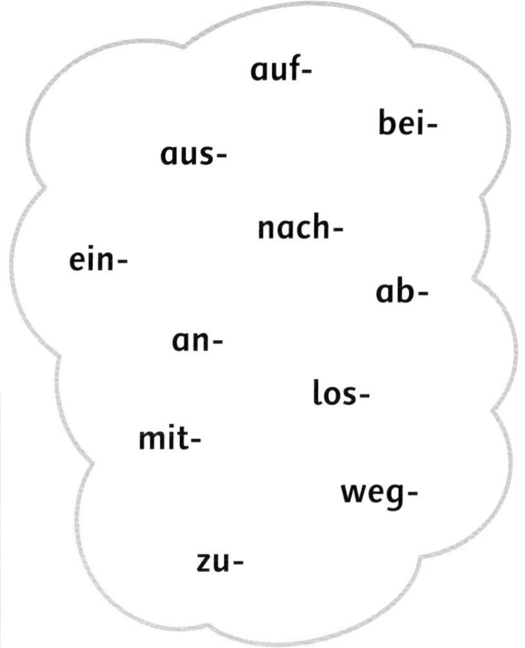

➲ **Setze die gefundenen Verben in die Sätze ein. Achte dabei auf die passende Form.**

→ Hamid hat die Klassenarbeit in Deutsch verpasst. Er muss sie *nachholen*.

→ Mama, Mama! Frederik hat mir mein Spielzeug ……………………!

→ Ich ……………………, dass Claudia in den Winterferien wieder in Österreich Ski fährt.

→ Der Favorit liegt im Rennen vorn, aber der Zweitplatzierte kommt näher. Er …………………… .

→ Was sollen wir für das Picknick ……………………?

→ Sarah isst zurzeit wie ein Spatz. Sie möchte unbedingt fünf Kilo …………………… .

→ Die Golfspielerin …………… mit dem Schläger weit ……………, um den Ball zum nächsten Loch zu schlagen.

→ Gestern hat Marie ihre kleine Schwester vom Kindergarten …………………… .

→ Die Politik muss darauf achten, dass die Arbeitslosenzahlen nicht noch weiter …………………… .

→ …………… Sie bitte alle zwei Stunden eine Tablette mit etwas Wasser ……………!

Verben mit Vorsilben

➲ **Mit welchen der Vorsilben kannst du die 3 Verben verbinden? Schreibe alle möglichen Kombinationen in der Grundform auf.**

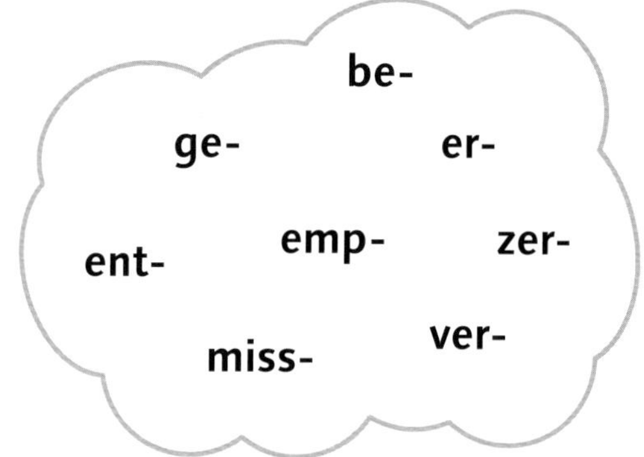

finden
befinden ……………, …………… , ……………

fallen
……………, ……………, ……………, ……………, ……………, ……………

stehen
……………, ……………, ……………, ……………, ……………

➲ **Setze die gefundenen Verben in die Sätze ein. Achte dabei auf die passende Form.**

→ Die Wohnung *besteht* aus vier Zimmern, Küche und Bad.

→ Um das Jahr 1450 …………… Johannes Gutenberg den Buchdruck.

→ Wie hat dir eigentlich der Krimi …………… ?

→ Das Historische Museum …………… sich in der Schillerstraße.

→ Hier muss der Denkmalschutz aktiv werden. Die alte Villa …………… immer mehr.

→ Da der Pianist erkrankt ist, muss das heutige Konzert leider …………… .

→ Auf der Polizeiwache …………… der Täter, dass er die Kette gestohlen hatte.

→ Der Fisch ist so zart gebraten, dass er auf dem Teller …………… .

→ Auf der großen Wiese wird im nächsten Jahr ein Einkaufszentrum …………….

→ Lange wusste man nicht, dass auch Tiere Schmerzen …………… können.

Verben mit Vorsilben

Welche Vorsilbe passt in die Lücken?

be- ♦ *emp-* ♦ *ent-* ♦ *er-* ♦ *miss-* ♦ *ver-* ♦ *zer-*

etwas durcheinandermischen → etwas *ver* mischen

etwas kaputt brechen → etwas .... brechen

auf eine Frage antworten → eine Frage .... antworten

aus einer Orange Saft herauspressen → die Orange .... saften

passieren, geschehen → sich .... eignen

ein Buch vorschlagen → ein Buch .... fehlen

etwas nicht beachten → etwas .... achten

Bilde aus den Adjektiven mithilfe der Vorsilben Verben.

be- **er-** **ver-**

besser machen = *verbessern*

neu machen = ...

reicher machen = ...

schöner machen = ...

schneller machen = ...

stark machen = ...

leichter machen = ...

kurz machen = ...

arm werden = ...

Alles falsch und kaputt! Finde weitere Verben mit diesen Bedeutungen.

sich ver- = „falsch" *sich verrechnen, sich verlaufen,* ....

zer- = „kaputt" *zerkauen,* ....

Verben mit Vorsilben

➲ **Finde Verben mit Vorsilben, die eine gegensätzliche Bedeutung haben.**

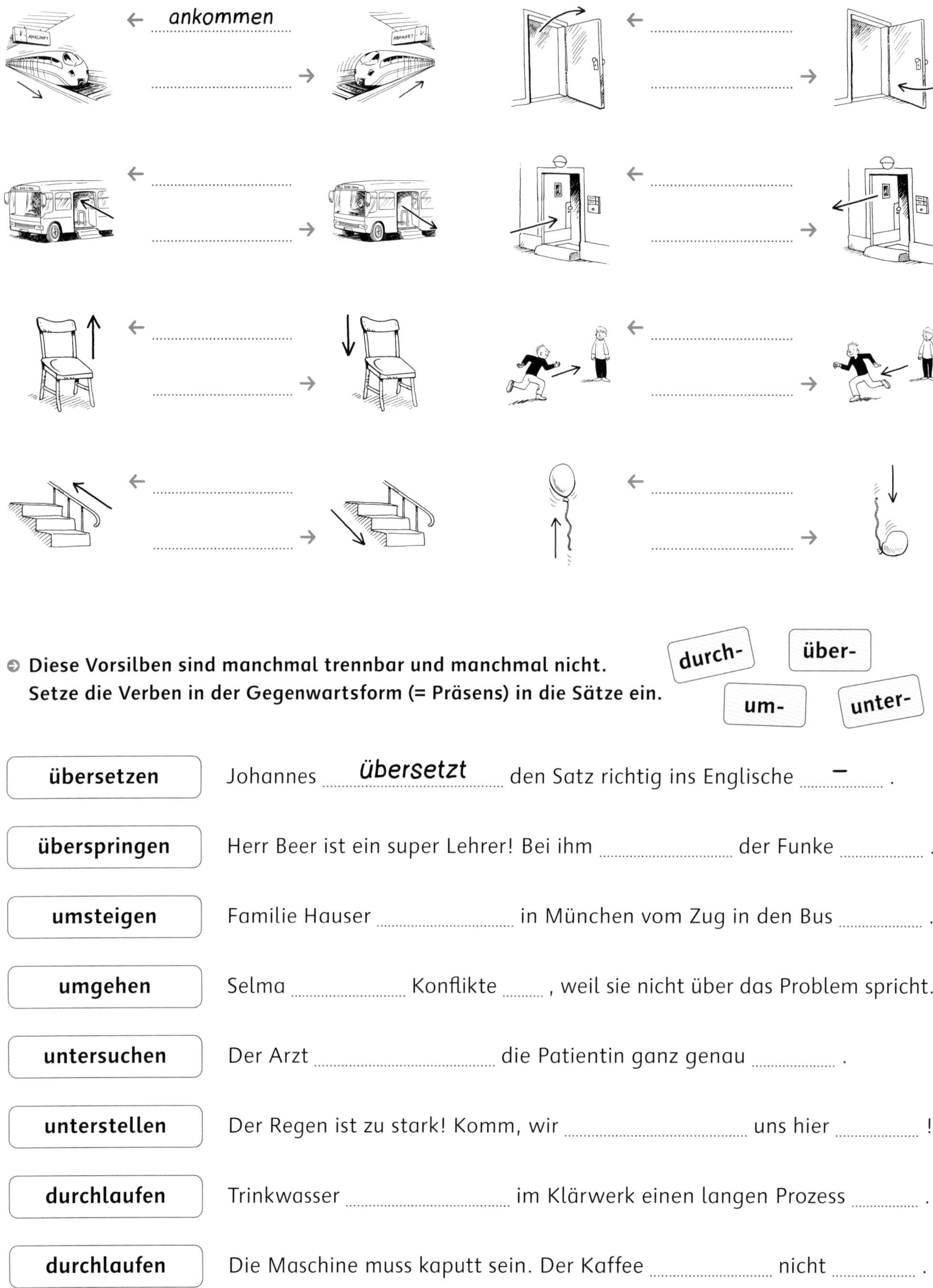

← *ankommen* / .... →

← .... / .... →

← .... / .... →

← .... / .... →

← .... / .... →

← .... / .... →

← .... / .... →

← .... / .... →

➲ **Diese Vorsilben sind manchmal trennbar und manchmal nicht. Setze die Verben in der Gegenwartsform (= Präsens) in die Sätze ein.**

durch- **über-** **um-** **unter-**

übersetzen	Johannes *übersetzt* den Satz richtig ins Englische *–* .
überspringen	Herr Beer ist ein super Lehrer! Bei ihm .... der Funke ....
umsteigen	Familie Hauser .... in München vom Zug in den Bus ....
umgehen	Selma .... Konflikte .... , weil sie nicht über das Problem spricht.
untersuchen	Der Arzt .... die Patientin ganz genau ....
unterstellen	Der Regen ist zu stark! Komm, wir .... uns hier .... !
durchlaufen	Trinkwasser .... im Klärwerk einen langen Prozess ....
durchlaufen	Die Maschine muss kaputt sein. Der Kaffee .... nicht ....

Möglichkeitsform der Verben – Gegenwart

- **Ergänze die Tabelle links mit Verben und ihrer Möglichkeitsform (= Konjunktiv). Schreibe alle Formen der Möglichkeitsform von *kommen* in die Tabelle rechts.**

Grundform	Möglichkeitsform
haben	*hätte*
	wäre
	würde
können	
	müsste
	gäbe
gehen	
wissen	

kommen

ich	*käme*
du	
er/sie/es	
wir	
ihr	
sie	

- **Setze die Möglichkeitsform des Verbs mit der richtigen Endung ein. Bei Verben, bei denen die Möglichkeitsform nicht mehr oft im Gebrauch ist, verwendet man *würde* + Grundform.**

helfen	Ich *würde* dir gern *helfen*, aber ich habe heute keine Zeit.
können	.... du mir ein Käsebrötchen vom Bäcker mitbringen?
geben	Ihr tut so, als ob es kein Problem ....
haben	Wir .... gern eine „Pizza Mozzarella" zum Mitnehmen.
stellen	Welche Frage .... du einer Astrophysikerin .... ?
müssen	Frag doch bitte Frau Geißler. Sie .... das wissen.
wissen	Wenn ich nur .... , wie er heißt!
sein	Es .... wirklich schön, wenn ihr uns mal besucht.
sagen	.... ihr .... , dass Martin recht hat?

Möglichkeitsform der Verben – Gegenwart

Ergänze die Sätze.
Finde passende Formulierungen mit der Möglichkeitsform der Verben.

→ Wenn ich reich wäre, ……………………………………

→ Wenn wir einen Hund hätten, ……………………………………

→ Wenn ich Fußballprofi wäre, ……………………………………

→ Wenn meine Familie in den USA wohnen würde, ……………………………………

→ Wenn unsere Familie eine Million Euro im Lotto gewinnen würde,

……………………………………

→ Wenn es in unserem Kühlschrank spuken würde, ……………………………………

→ Wenn unsere nächste Klassenfahrt nach Afrika ginge,

……………………………………

→ Wenn ich einen Tag mit meiner Lieblingsband verbringen könnte,

……………………………………

Was könnten sich die Personen in diesen Situationen wünschen?
Formuliere einen Wunsch mit *Wenn … doch nur …!* wie im Beispiel.

→ Seit einer halben Stunde wartet die Klasse auf den Bus. Es ist kalt und regnerisch.

Wenn der Bus doch nur endlich käme/kommen würde!

→ Die Dorfstraße ist nachts schlecht beleuchtet. Man kann den Weg kaum sehen.

……………………………………

→ Die Klassenarbeit ist schon morgen und du hast keine Zeit mehr, dich gut vorzubereiten.

……………………………………

→ Uta sitzt im Zug und möchte endlich los. Sie hat Sorge, den Anschlusszug zu verpassen.

……………………………………

→ Dein Freund antwortet immer sehr langsam auf deine Nachrichten. Das nervt!

……………………………………

Möglichkeitsform der Verben – Vergangenheit

Ergänze die Sätze mit der Möglichkeitsform in der Vergangenheit. Was wäre gewesen, wenn …? Was hätte Bastian getan?

Bastian berichtet über seine Sommerferien:

„Meine Ferien waren ganz schrecklich! Meine Eltern haben mich zu Verwandten geschickt!"

→ Wenn sie ihn nicht zu Verwandten *geschickt hätten* ……………… , ……………………………… .

„Sie leben in einem kleinen Dorf. Dort gab es nicht mal ein Schwimmbad!"

→ Wenn es dort ein Schwimmbad ……………… , ……………………………… .

„Die Verwandten waren immer schlecht gelaunt!"

→ Wenn sie nicht immer schlecht gelaunt ……………… , ……………………………… .

„Ich saß fest. Für den Bus in die Stadt hatte ich nämlich nicht genug Geld mit."

→ Wenn Bastian genug Geld ……………… , ……………………………… .

Familie Lässig fliegt in Urlaub, hat aber leider einiges vergessen. Nun ist es zu spät – das Taxi zum Flughafen wartet schon. Was könnte sich die Familie in dieser Situation wünschen? Formuliere einen Wunsch mit *Wenn … doch nur …!* wie im Beispiel.

→ Wir haben der Nachbarin nicht den Schlüssel gebracht!

Wenn wir der Nachbarin doch nur den Schlüssel gebracht hätten!

→ Papa hat keine Brote geschmiert!

………………………………………………………………

→ Wir waren vorher nicht noch mal beim Friseur!

………………………………………………………………

→ Mama hat die Badesachen nicht eingepackt!

………………………………………………………………

→ Wir waren in den letzten Tagen einfach total aufgeregt!

………………………………………………………………

Befehlsform der Verben

➲ **Formuliere Aufforderungen in der Befehlsform (= Imperativ).**
Achtung! Die Befehlsform unterscheidet sich danach, wer angesprochen wird: du, ihr, Sie.

öffnen	Lisa und Ying, bitte *öffnet* eure Bücher!
kommen	Frau Groß, ... bitte mal?
nehmen	Rebekka, ... dir für die Aufgabe ruhig die Zeit, die du brauchst.
stellen	Rike, Juri, ... bitte das schmutzige Geschirr erst mal in die Spüle.
fahren	Polizeikontrolle! .... bitte rechts ran!
sein, geben	.... so nett und .... mir den Senf, Herr Hoff!
gehen	.... ja nicht so nah am Abgrund entlang, Jana!

➲ **Wie bereitet man Fruchtkefir zu?**
Formuliere Anweisungen in der du-Form wie im Beispiel.

ca. 300 g Beerenobst, z. B. Himbeeren, Erdbeeren, Heidelbeeren, waschen

Wasche ca. 300 g Beerenobst, z. B. Himbeeren, Erdbeeren, Heidelbeeren!

Stiele der Beeren sorgfältig entfernen

....

in den Standmixer werfen

....

Masse mit 500 ml Kefir auffüllen

....

alles noch einmal gut durchmixen

....

in vorbereitete Gläser gießen und sich gut gekühlt schmecken lassen

....

Glas mit Beeren: Norbert Höveler

Partizipien der Verben als Adjektiv

Bilde das Partizip I der Verben (= Grundform + -d).
Setze einen Strich, wenn das Partizip I nicht üblich ist.

schlafen → schlafend
wandern → ....
sein → ....
teilnehmen → ....
wechseln → ....
rufen → ....
haben → ....
wiederholen → ....
sollen → ....

Bilde das Partizip II der Verben wie im Beispiel.
Tipp: Die Perfektform (ich habe… /ich bin…) kann dir helfen.

fassen → gefasst
ausziehen → ....
vergessen → ....
arbeiten → ....
bleiben → ....
einsetzen → ....
berichten → ....
informieren → ....
sein → ....
absuchen → ....
müssen → ....
balancieren → ....

Verwende das Partizip I als Adjektiv. Achte auf die richtige Endung.

schlafen → ein schlafendes Kind
einfahren → die .... Züge
warten → zwei .... Passagiere
tauen → ein .... Schneemann
reizen → eine .... Dame
fliegen → ein .... Teppich
sinken → die .... Preise
beschreiben → .... Texte

Bilde aus den Wortgruppen kurze Sätze in der Gegenwart. Das Partizip wird zum Verb.

der blinkende Hubschrauber → Der Hubschrauber blinkt.
die aufgehende Sonne → Die Sonne ....
die blühenden Pflanzen → ....
die hell leuchtenden Farben → ....

Partizipien der Verben als Adjektiv

Verwende das Partizip II als Adjektiv. Achte auf die richtige Endung.

basteln → *gebastelte* Sterne	**zerstreuen** → ein .... Professor
brauchen → ein .... Handy	**machen** → eine selbst .... Karte
versuchen → .... Diebstahl	**ablegen** → die ....Kleidung
polieren → das .... Autodach	**waschen** → die frisch .... Hose

Bilde aus den Wortgruppen kurze Sätze. Das Partizip wird zum Verb.

das gelandete Flugzeug	→ Das Flugzeug *ist gelandet.*
die ausgewechselte Glühlampe	→ Die Glühlampe ....
der verliehene Preis	→ ....
das abgesagte Konzert	→ ....

Verwende das Partizip als Adjektiv. Entscheide, ob Partizip I oder II stehen muss. Achte auf die richtige Endung.

Der Schüler liest.	→ der *lesende* Schüler
Ein Rucksack wurde fertig gepackt.	→ ein fertig .... Rucksack
Das Rätsel ist gelöst worden.	→ das .... Rätsel
Die Kerzen brennen.	→ die .... Kerzen
Ausflüge sind geplant.	→ .... Ausflüge
Drei Taschenlampen funktionieren.	→ drei .... Taschenlampen
Das Thema beherrscht alles.	→ das alles .... Thema
Eine Erinnerung bleibt.	→ eine .... Erinnerung
Die Jungen wurden ausgewählt.	→ die .... Jungen

Glühlampe: Norbert Höveler

Partizipien der Verben als Adjektiv und Nomen

Verwende das Partizip als Adjektiv. Entscheide, ob Partizip I oder II stehen muss. Achte auf die richtige Endung.

kommen	Das Wild bereitet sich auf den *kommenden* Winter vor.
aussortieren	Bringt die .... Kleidungsstücke zur Spendensammlung.
bedrucken	.... Papier gefällt mir besser als weißes.
leben	Auch in Großstädten .... Bienen produzieren Honig.
zunehmen	Eine .... Zahl von Menschen ernährt sich vegetarisch.
beruhigen	Ein gutes Gewissen ist ein .... Gefühl.
veröffentlichen	Das gestern erst .... Album landete sofort auf Platz 1.
einsetzen	Gratulation! Die .... Wörter sind richtig!

Manchmal kann das Partizip eines Verbs auch zum Nomen werden. Entscheide, ob das Partizip in diesen Sätzen als Adjektiv (Kleinschreibung) oder Nomen (Großschreibung) verwendet wird, und markiere den richtigen Buchstaben.

→ Die Firma stellt zahlreiche Hilfsmittel für B | behinderte Menschen her.

→ Herr Grün telefonierte sofort mit einem A | angestellten der Autowerkstatt.

→ Bei dem Unfall am Samstagabend gab es vier V | verletzte, darunter ein Kind.

→ Der G | gesuchte Einbrecher ging der Polizei schon nach wenigen Minuten ins Netz.

→ Drei Mädchen aus unserer Klasse sind von den Behörden als G | geflüchtete anerkannt worden.

→ Wir reisen zu fünft: zwei E | erwachsene und drei Kinder.

→ Unter den W | wartenden Patienten gab es einige, die husteten und schnieften.

→ Rebecca ist A | alleinerziehende Mutter.

→ Die Richterin wollte mit dem A | angeklagten ein Gespräch unter vier Augen führen.

Passiv der Verben

Hier findest du Passiv-Verbformen. Schreibe sie an der richtigen Stelle in die Tabelle. Zum Vergleich findest du noch einmal die Aktiv-Verbformen.

wird ~~geöffnet~~ worden sein – ist geöffnet worden – war geöffnet worden –

wird geöffnet – wird geöffnet werden – wurde geöffnet

	Aktiv **Der Besitzer … den Laden …**	**Passiv** **Der Laden … vom Besitzer …**
Präsens	öffnet	
Präteritum	öffnete	
Perfekt	hat geöffnet	
Plusquamperfekt	hatte geöffnet	
Futur I	wird öffnen	
Futur II	wird geöffnet haben	*wird geöffnet worden sein*

Setze das Verb im Passiv in den Satz ein. Verwende die angegebene Zeitform.

fragen (Präteritum)

→ Bei der Umfrage ***wurden*** 350 Personen nach ihren Hobbys ***gefragt*** .

einteilen (Präsens)

→ Die Schülerinnen und Schüler .... in vier Gruppen ....

schließen (Perfekt)

→ Wegen Einsturzgefahr .... das ganze Gebäude ....

berichten (Präteritum)

→ Wie .... , kann das Festival dieses Jahr leider nicht stattfinden.

suchen (Präsens)

→ Für ein Filmprojekt .... noch interessierte Jugendliche ....
Meldet euch!

Passiv der Verben

Wie wird „Pizza Funghi" gemacht? Bringe die Schritte in die richtige Reihenfolge. Schreibe zu jedem Schritt einen Satz im Passiv auf.

☐ darauf klein geschnittene Pilze verteilen

☐ mit Tomatensoße bestreichen

☐ mit Salz, Pfeffer und Oregano würzen

☐ den Teig nach dem Ruhen ausrollen

☐ in den Ofen schieben und ca. 20 Minuten backen

☐ mit Käse bestreuen

1. aus Mehl, Wasser, Hefe, Salz, Öl und etwas Zucker einen Teig zubereiten

Zuerst wird aus Mehl, Wasser, Hefe, Salz, Öl und etwas Zucker ein Teig zubereitet. Nach dem Ruhen ... .

....

....

....

Schreibe zu den historischen Fakten je einen Satz im Passiv auf. Benutze das Präteritum.

Brandenburger Tor

Bau: im 18. Jahrhundert

→ *Das Brandenburger Tor wurde im 18. Jahrhundert gebaut.*

Gründung: 1949

→ ....

Bundesrepublik

Röntgenstrahlen

Entdeckung: 1895

→ ....

Erfindung: ca. 5 000 Jahre vor Christus

→ ....

Rad

Schulpflicht

Einführung in Deutschland: 1919

→ ....

Passiv der Verben

Lies die Zeitungsmeldungen. Ordne jeder Lücke ein Verb zu. Schreibe die Verbform im Passiv in die Lücke. Beachte auch die Zeitform: Präsens oder Präteritum.

abdecken – beschädigen – bieten – buchen – einladen – erwarten – reißen – schlemmen – sichten – ~~sperren~~ – tanzen – trinken – überraschen – übertreffen – verkosten

Wasserhochsee. Nach heftigen Überschwemmungen gestern Nacht wurde die Hauptstraße durch den Ort für den Verkehr voll gesperrt. Durch das Wasser ………… sogar Gullydeckel aus ihrer Verankerung ………… .

Stürmischhausen. Bei einem Tornado am Montag ………… zahlreiche Dächer ………… und mehrere Häuser stark ………… .

Feierberg. Am kommenden Wochenende findet wie jedes Jahr die traditionelle Kirchweih statt. Alle Besucherinnen und Besucher ………… zu einem freien Getränk ………… . Am Abend darf nach Herzenslust ………… ………… .

Glamourstadt. Nächste Woche ………… zur Eröffnung des berühmten Filmfestivals zahlreiche Gäste in der Stadt ………… . Die Hotels sind bereits ausgebucht, freie Zimmer können nur noch in wenigen Pensionen ………… ………… .

Loch Ness. Am vergangenen Montag ………… Nessie angeblich erneut von zwei Spaziergängerinnen ………… . Leider ………… die Damen vom Anblick des Tieres dermaßen ………… , dass sie vor lauter Staunen vergaßen, Fotos zu machen. Und so wird auch dieser Bericht in die Sammlung der Legenden wandern.

Tufteldingen. Bei den diesjährigen „Tufteldinger Herbsttagen" darf wieder nach Belieben ………… , ………… und ………… ………… . Das Wetter soll mitspielen, es ………… zahlreiche Attraktionen ………… – sowie sehr humane Bierpreise! So ………… ja vielleicht der Besucherrekord vom letzten Jahr ………… . Das wäre ein großer Erfolg für die Veranstalter sowie die ortsansässigen Kneipenwirte und Restaurantbesitzer!

Tornado: Norbert Höveler

Nomen-Verb-Verbindungen

➲ **Viele einfache Verben kann man auch durch eine Verbindung aus Nomen und Verb ausdrücken. Welche Verben sind hier gemeint? Fülle die Tabelle aus.**

Nomen-Verb-Verbindung	einfaches Verb
eine Antwort geben	*antworten*
eine Frage	fragen
Einfluss nehmen	....
eine Entscheidung	entscheiden
Hilfe leisten	....
Kritik	kritisieren
ein Angebot machen	....
Anerkennung	anerkannt werden
zu Ende bringen	....
eine Unterhaltung	sich unterhalten
im Einsatz sein	....
Kontakt	kontaktieren
unter Beweis stellen	....
in Zusammenhang	zusammenhängen
Abschied nehmen	....
einen Spaziergang	spazieren gehen

Nomen-Verb-Verbindungen

Manche Nomen-Verb-Verbindungen sind nicht so leicht zu verstehen. Verbinde die Nomen-Verb-Verbindungen mit ihren Bedeutungen.

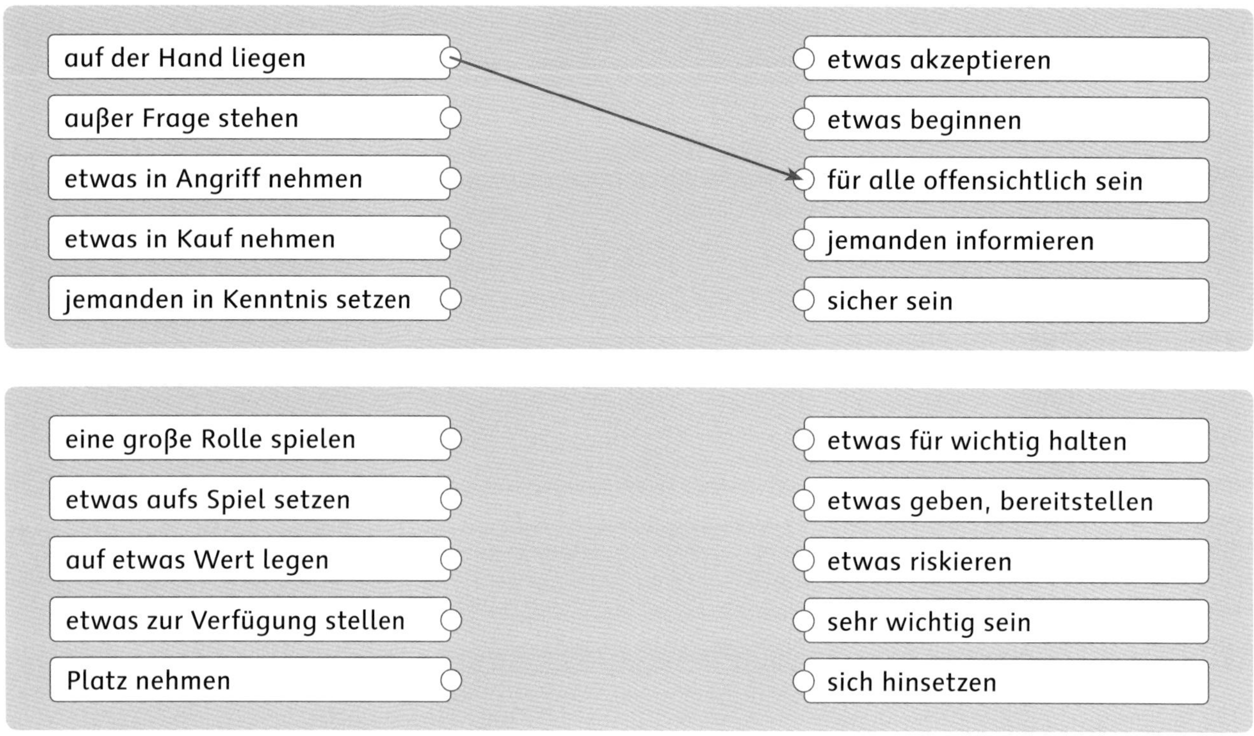

Finde das passende Verb in diesen Nomen-Verb-Verbindungen und setze es in der richtigen Form ein. Unterstreiche das zugehörige Nomen.

→ Wer zugefrorene Seen ohne Freigabe betritt, ...bringt...... sich und andere in große Gefahr.

→ Während des Schulpraktikums konnte ich einen guten Einblick in das Berufsbild ....

→ Der Verurteilte hatte dem Richter das Versprechen ...., sich zu bessern.

→ Die neue Bezahlmethode .... bisher nur im Internet zur Anwendung.

→ Greta und Luisa .... neulich beim Spielen am Fluss eine interessante Entdeckung.

→ Für den Englischaufsatz .... den Schülerinnen und Schülern nur ein Papierwörterbuch zur Verfügung.

→ Ich bin richtig durchgefroren! Ich glaube, ich werde erst mal ein Bad ....!

→ Bei dem Fremdsprachenangebot an der Schule ist es schwer, eine Wahl zu ....

Stift: Anja Boretzki

ADJEKTIVE

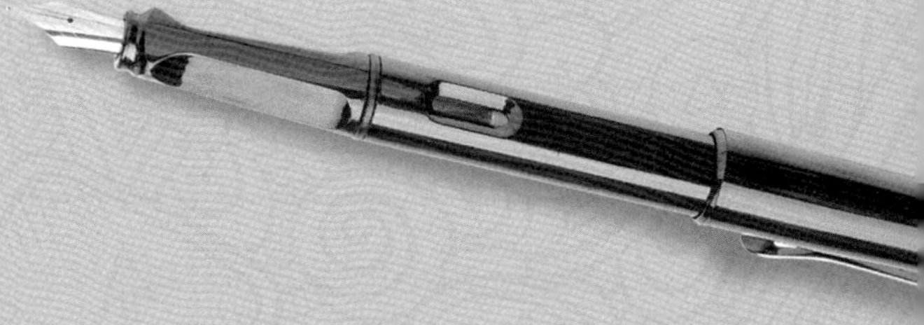

Adjektive erkennen und finden

Zum Aufwärmen: Schreibe hier mindestens 15 Adjektive auf, die dir spontan einfallen.

Markiere alle Adjektive mit einem Textmarker. Es sind insgesamt 33.

WUTSCHLAUSALBEZWEIGGELBMEERDREIECKEDELMILCH
KLEINLICHSCHNEELEBENDIGLEBENSCHWARZNOTWILD
WACHSENDANNDASDIELEISESCHNURKLEINMUTBRAUN
SAFTBELIEBTSEIFESCHNEIDENKOCHENLAHMENTEDÜNN
DUSCHLAMMSCHLUCHTSCHEUBERGAMSELLIEDLAUTBRIEF
BREITLINIEGUTWUTGRIFFSCHLECHTLUFTARMSCHNEEPFLUG
NETTNEIDLADENSTEINIGMUTGLATTNEBELNABELLAGE
WINDIGACHTUNGLINDENLUNGEKRUMMICHDUMMWUCHT
LOBLAMPEWERFEINWIEGENGESUNDSCHLAFENDUMAUS
LIEBLICHBERGTALSONNELAMPESTURNOTMEERTAUFISCH
LEERTORKLARKUCHENBAUMLIEDLOBBACKENKÜHNSCHNUR
GELDLEGENDECKEDICKDAUMENBLEIBILDKARTENTEEICH

Adjektive erkennen und finden

➲ **Adjektiv oder nicht? Kreuze an.**
Es sind insgesamt 40 Adjektive.

	ja	nein		ja	nein		ja	nein
WESENTLICH	☒	☐	WÜST	☐	☐	WILLKÜRLICH	☐	☐
VERDIENT	☐	☐	VERLUST	☐	☐	KONFUS	☐	☐
KONTROLLE	☐	☐	SPERRIG	☐	☐	BESCHEIDEN	☐	☐
BEILEID	☐	☐	BELIEBT	☐	☐	NATÜRLICH	☐	☐
HÖFLICH	☐	☐	ENTSETZLICH	☐	☐	NEIDISCH	☐	☐
UNGEWISS	☐	☐	WECHSELHAFT	☐	☐	ANSPORN	☐	☐
ANSPRUCH	☐	☐	BIEDER	☐	☐	STEUER	☐	☐
SPRUNGHAFT	☐	☐	SPEZIELL	☐	☐	SCHALL	☐	☐
ANSTALT	☐	☐	STUMM	☐	☐	STREICH	☐	☐
BRUCH	☐	☐	BLECH	☐	☐	BLEICH	☐	☐
REGE	☐	☐	REINLICH	☐	☐	RELING	☐	☐
KONKRET	☐	☐	JUNG	☐	☐	TEUER	☐	☐
TROLL	☐	☐	TISCHLER	☐	☐	BLUMIG	☐	☐
BLAUÄUGIG	☐	☐	BRILLE	☐	☐	BRILLANT	☐	☐
BRETT	☐	☐	STRICH	☐	☐	STRENG	☐	☐
STREIT	☐	☐	STRAFF	☐	☐	EID	☐	☐
EIFRIG	☐	☐	EIFERSÜCHTIG	☐	☐	ERFOLGREICH	☐	☐
NEU	☐	☐	NICHTS	☐	☐	NACHSICHTIG	☐	☐
NUR	☐	☐	NORMAL	☐	☐	GLÜCKLICH	☐	☐
GEDULD	☐	☐	GESUND	☐	☐	GEMÜTLICH	☐	☐
GERBEREI	☐	☐	HOF	☐	☐	HOFFEN	☐	☐
HÄUFIG	☐	☐	HEFTIG	☐	☐	AXT	☐	☐

Adjektive erkennen und finden

➲ **Unterstreiche alle Adjektive im Text. Es sind insgesamt 22.**

FAHRRAD KRÄMER
dein Radprofi!

Bei uns findest du endlich DEIN Wunschrad – im Netz oder in unserem großzügigen Store vor Ort. Unser breites Sortiment umfasst alle aktuellen Fahrradmodelle, unterschiedliches Fahrradzubehör sowie funktionale und moderne Fahrradbekleidung. Wähle aus den unzähligen Modellen das ideale Fahrrad für dich aus: ob ein schnelles, sportliches Rad für längere Touren, ein alltagstaugliches City-Rad für die täglichen Wege oder ein Mountainbike für unwegsames Gelände. Wir beraten dich fachgerecht und sachkundig. Vereinbare ein unverbindliches Beratungsgespräch und realisiere zusammen mit unseren Fahrradspezialistinnen und-spezialisten deine persönlichen Vorstellungen. Oder nutze unsere übersichtlichen Kategorien und Filter, um auch im Netz zielsicher und stressfrei die passende Auswahl zu treffen.

Wir freuen uns auf deinen Besuch!

➲ **Finde neue Adjektive und setze sie in die Lücken ein. Du kannst auch Adjektive einsetzen, die den Text lustig machen. Orientiere dich bei den Adjektivendungen am Text oben.**

FAHRRAD KRÄMER
dein Radprofi!

Bei uns findest du endlich DEIN Wunschrad – im Netz oder in unserem ....alten.... Store vor Ort. Unser .... Sortiment umfasst alle .... Fahrradmodelle, ... Fahrradzubehör sowie .... und .... Fahrradbekleidung. Wähle aus den .... Modellen das .... Fahrrad für dich aus: ob ein ...., ... Rad für .... Touren, ein .... City-Rad für die .... Wege oder ein Mountainbike für .... Gelände. Wir beraten dich .... und .... Vereinbare ein .... Beratungsgespräch und realisiere zusammen mit unseren Fahrradspezialistinnen und -spezialisten deine .... Vorstellungen. Oder nutze unsere .... Kategorien und Filter, um auch im Netz .... und .... die .... Auswahl zu treffen.

Wir freuen uns auf deinen Besuch!

Mit Adjektiven beschreiben

Finde alle 10 Adjektive, die zu dem Haus passen. Trage sie ein.

modern – einfach – ~~hoch~~ – gepflegt – renovierungsbedürftig – verwildert – neu – imposant – bescheiden – alt – klein – unauffällig – bewohnt – niedrig – verlassen – eindrucksvoll – gewöhnlich – beschädigt – schlicht – schmucklos – baufällig – unbewohnt

hoch	

Finde alle 10 Adjektive, die zu dem Mann passen. Trage sie ein.

~~kräftig~~ – mürrisch – nachdenklich – wütend – männlich – alt – gelassen – aufgeregt – arglistig – muskulös – geheimnisvoll – ärgerlich – träumerisch – melancholisch – heiter – bärtig – angespannt – schmächtig – athletisch – skeptisch – anmutig – boshaft – langhaarig – zornig – attraktiv – ernst – aufgewühlt

kräftig	

alle Abb.: Norbert Höveler

Mit Adjektiven beschreiben

Stelle um und bilde Aussagesätze.

Wie ist/sind ...?

der wichtige Termin → *Der Termin ist wichtig.*

der anschauliche Vortrag → ....

der teure Urlaub → ....

die heftigen Stürme → ....

die eilige Nachricht → ....

die malerische Altstadt → ....

die klugen Fragen → ....

die bequeme Hose → ....

das sonnige Wetter → ....

das gute Gefühl → ....

das fröhliche Lachen → ....

die eleganten Sofas → ....

Trage die passenden Adjektive ein. Bilde Sätze.

Wie ist/sind ...?

der *geschmackvolle* Mantel → *Der Mantel ist geschmackvoll.*

→ *gemischt, gelassen, geschmackvoll*

der .... Anwalt → ....

→ *gewitzt, geräumig, geordnet*

die .... Suppe → ....

→ *gemein, gesund, gefräßig*

die .... Wohnung → ....

→ *geschickt, geräumig, gesellig*

das .... Haus → ....

→ *gewitzt, gewaltig, gescheit*

die .... Zimmer → ....

→ *gemütlich, genügsam, gewichtig*

Mit Adjektiven beschreiben

Trage die passenden Adjektive ein. Bilde Sätze.

Wie ist/sind ...?

der .... Mann → ....

→ *unverschämt, ungeordnet, unverständlich*

der .... Koch → ....

→ *unvollständig, untalentiert, unrechtmäßig*

die .... Vorstellung → ....

→ *unsportlich, unrealistisch, unregelmäßig*

die .... Hosen → ....

→ *unsauber, untreu, unreif*

das .... Buch → ....

→ *unwichtig, unsympathisch, unruhig*

das .... Urteil → ....

→ *ungepflegt, ungerecht, ungeschickt*

Trage auch hier die passenden Adjektive ein. Bilde Sätze.

Wie ist/sind ...?

die .... Hüte → ....

→ *auffallend, aufsässig, aufmüpfig*

die .... Gestalt → ....

→ *anständig, andächtig, anmutig*

die .... Rede → ....

→ *beeindruckend, belesen, begrenzt*

die .... Mauern → ....

→ *beschränkt, beachtlich, betreten*

das .... Haus → ....

→ *erwachsen, erzogen, erschwinglich*

das .... Essen → ....

→ *erschreckend, erlesen, erfolgreich*

Mit Adjektiven beschreiben

Finde je 2 passende Adjektive zu den Abbildungen. Trage sie ein.

mulmig – diebisch – dümmlich – lecker – launisch – dünn – luftig – schmierig – zäh – gespenstisch – vernünftig – ~~schlau~~ – sorgsam – klebrig – unappetitlich – schaumig – seifig– salzig – heimelig – bitter – mysteriös – knusprig – abstoßend – einheitlich – unauffällig

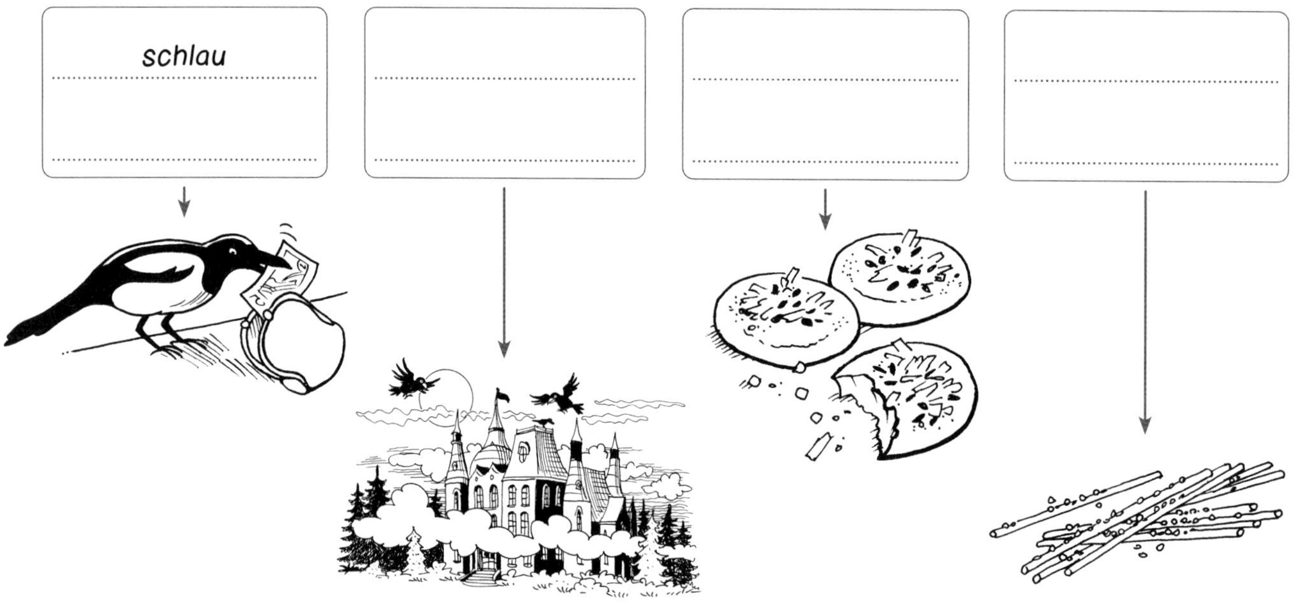

furchtlos – ramponiert – unvollständig – lückenhaft – mutig – widersprüchlich – ordentlich – notdürftig – kompakt – unlogisch – fehlerlos – mühsam – bizarr – scheinbar – schmierig – tatenlos – fortschrittlich – glücklich – modern – furchtsam – nachlässig – defekt – mühevoll

Adjektive bilden

Bilde aus Nomen mithilfe von Nachsilben Adjektive.
Achtung! Manchmal passen mehrere Nachsilben.
Streiche unpassende Nachsilben durch.

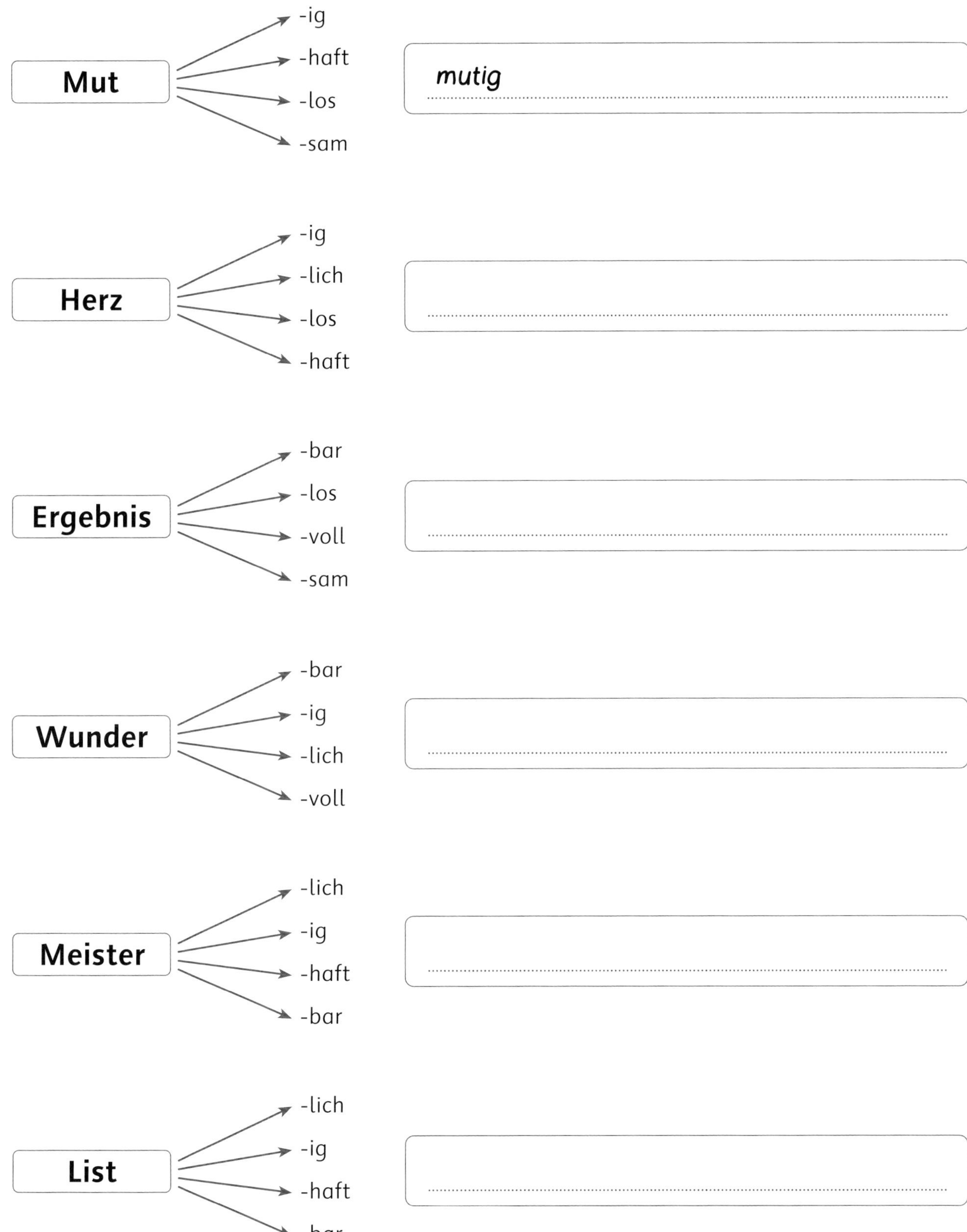

Adjektive bilden

Bilde aus den Nomen mithilfe der Nachsilben in der Tabelle Adjektive. Schreibe sie in die Tabelle. Achtung! Manchmal passen mehrere Nachsilben. Du kannst aus allen 19 Nomen insgesamt 30 Adjektive bilden.

Mangel – Fehler – Rätsel – Dank – Fett – Abenteuer – Salz – Glück – Gespenst – Philosoph – Freund – Fleiß – Saft – Schmerz – Neid – Ärger – Mode – Maler – Strafe

-ig 4x	-isch 5x	-lich 6x	-haft 4x	-bar 2x	-los 9x
		abenteuerlich			

Bilde aus den Verben und den passenden Nachsilben Adjektive. Verbinde und schreibe auf die Linien. Achtung! Manchmal passen mehrere Nachsilben. Du kannst insgesamt 12 Adjektive bilden.

Verben	Nachsilben	
trinken	-ig	trinkbar
essen	-haft	
machen	-bar	
genügen	-los	
annehmen	-sam	
erregen	-isch	
begehen	-lich	
lieben		
ersetzen		

Zusammengesetzte Adjektive

Bilde aus Nomen (hier als Bilder) und Adjektiven (hier als Wörter) zusammengesetzte Adjektive. Es passen mehrere zusammen.

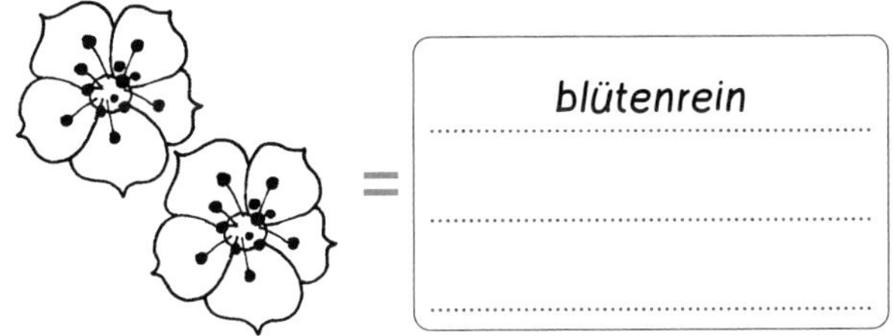

rein – treu – lieb – weiß – zart – scheu

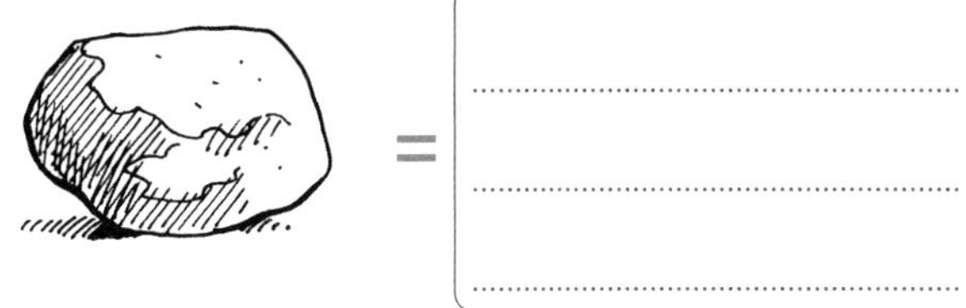

hart – alt – fest – rau – morsch – dick – reich

gut – klar – flink – gelb – leicht – mild – fein – hoch

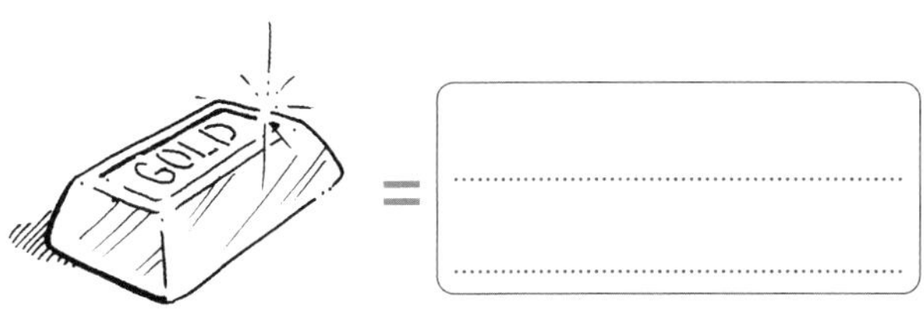

toll – schwer – gelb – neu – richtig – blank – glatt

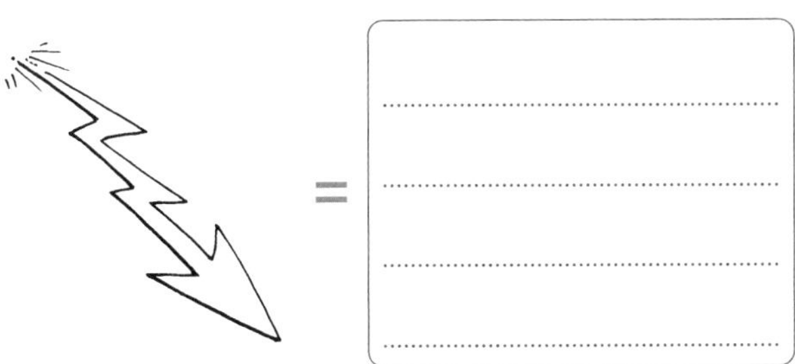

schnell – neu – sauber – gescheit – blank – hoch – heiß

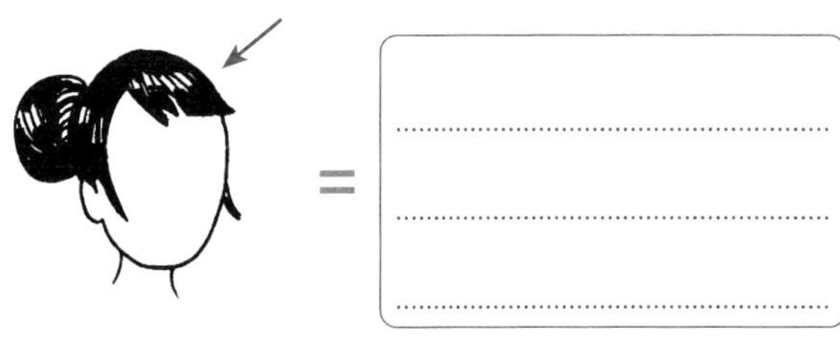

fein – scharf – lang – kurz – genau – dick – gerade – fest

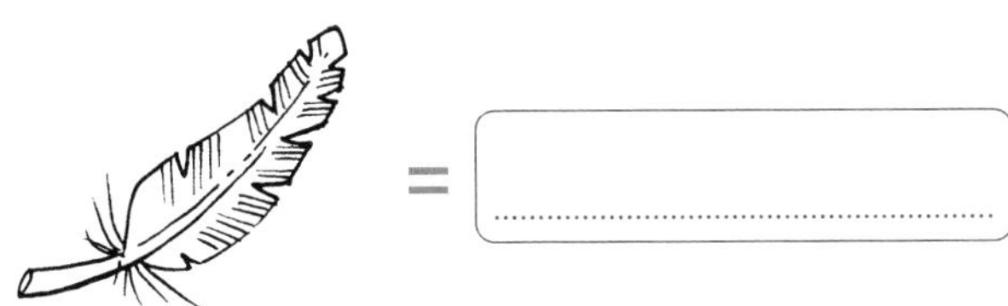

schnell – leicht – locker – dünn – zart – hoch – neu

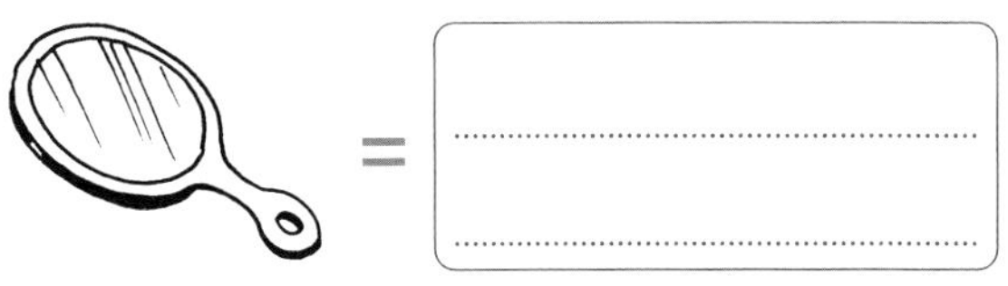

schön – glatt – fein – hell – blank – sicher – klar – hart

alle Abb.: Norbert Höveler

Zusammengesetzte Farbadjektive

➲ **Sortiere die Farbadjektive:**
Welche bestehen aus Adjektiv + Adjektiv, welche aus Nomen + Adjektiv?
Achtung: Ein Wort ist kein Adjektiv, sondern ein zusammengesetztes Nomen.
Schreibe es gesondert auf. Denke daran, dass Nomen großgeschrieben werden.

~~kastanienbraun~~ ~~tiefblau~~ naturweiß hellgelb blassgrün zitronengelb altrosa schneeweiß dunkelviolett zartrosa reinweiß nachtschwarz cremeweiß hellblond mattgelb maisgelb rostbraun silbergrau tiefschwarz himmelblau giftgrün pechschwarz neongelb grünblau suppengrün lichtgrau schiefergrau königsblau blassgelb grasgrün olivgrün blutrot rosarot aschblond honigblond

Adjektiv + Adjektiv (13 x)
tiefblau

Nomen + Adjektiv (21 x)
kastanienbraun

Dieses Wort ist ein **zusammengesetztes Nomen**: ______

Leinwand mit Palette: Norbert Höveler

Adjektive steigern

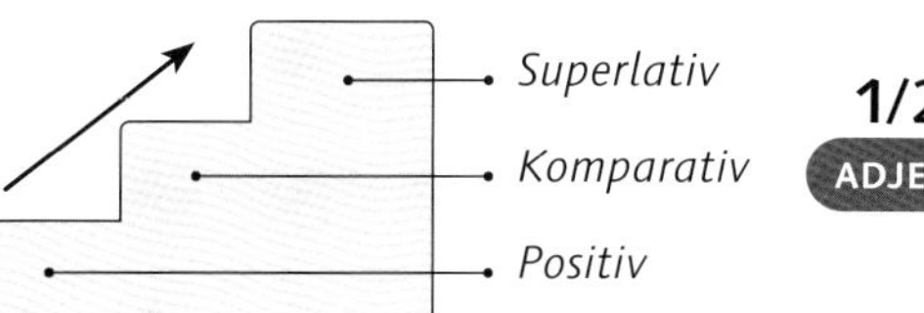

Steigere die Adjektive in der Tabelle.

Grundstufe *(Positiv)*	**Vergleichsstufe** *(Komparativ)*	**Höchststufe** *(Superlativ)*
gemütlich	*gemütlicher*	*am gemütlichsten*
beliebt		
sonnig		
	übler	
	vernünftiger	
	widerborstiger	
		am erfolgreichsten
		am seltensten
		am vorsichtigsten

Viele Adjektive sind in ihrer Steigerung unregelmäßig.
Bilde die Steigerungsformen und unterstreiche die Besonderheit.

Grundstufe *(Positiv)*	**Vergleichsstufe** *(Komparativ)*	**Höchststufe** *(Superlativ)*
gesund	*gesünder*	*am gesündesten*
hoch		
dumm		
krank		
viel		
gut		
klug		
groß		
alt		
jung		
lang		
arm		
stark		
warm		
hart		

Adjektive steigern

Beantworte die Fragen in einem Satz. Benutze Komparativformen wie im Beispiel.

→ Welches Handy bevorzugst du? *billig – teuer*

Ich bevorzuge das billigere Handy.

→ Welche Hose ist dir lieber? *hell – dunkel*

....

→ Welchen Snack hättest du gern? *gesund – ungesund*

....

→ Welchen Film siehst du dir lieber an? *lustig – traurig*

....

→ Welche Aufgabe interessiert dich? *leicht – schwierig*

....

Ergänze die Sätze mit den Adjektiven in der Superlativform.

ängstlich – bevölkerungsreich – geschickt – günstig – gut – hoch – ~~neugierig~~ – nördlich – schlau – viele

→ Rafael muss einfach immer alles wissen. Er ist der *neugierigste* Junge in meiner Klasse.

→ Meine Schwester strickt schnell wie der Wind! Sie hat die .... Finger, die ich kenne.

→ Die .... Deutschen essen vermutlich drei Mahlzeiten am Tag.

→ Die Zugspitze ist der .... Berg Deutschlands.

→ China und Indien sind die .... Länder der Welt.

→ Zur Mathematikolympiade treffen sich alljährlich nur die .... Köpfe.

→ Unser Dackel muss der .... Hund der Welt sein. Er versteckt sich ständig unterm Bett!

→ Das Nordkap in Norwegen ist der .... Punkt Europas.

→ Hier gibt es alles in .... Qualität und zu den .... Preisen!

Nicht steigerbare Adjektive

- Finde 15 Adjektive, die sich nicht steigern lassen.
  Man nennt sie „absolute Adjektive“. Kreise sie ein.

- Finde hier weitere 10 Adjektive, die sich nicht steigern lassen.

Bedeutung von Adjektiven verstärken und abschwächen

➲ Beifügungen verstärken die Adjektive oder schwächen sie ab. Verbinde die Adjektive mit den passenden Beifügungen. Es passen mehrere zusammen. Formuliere dann Sätze.

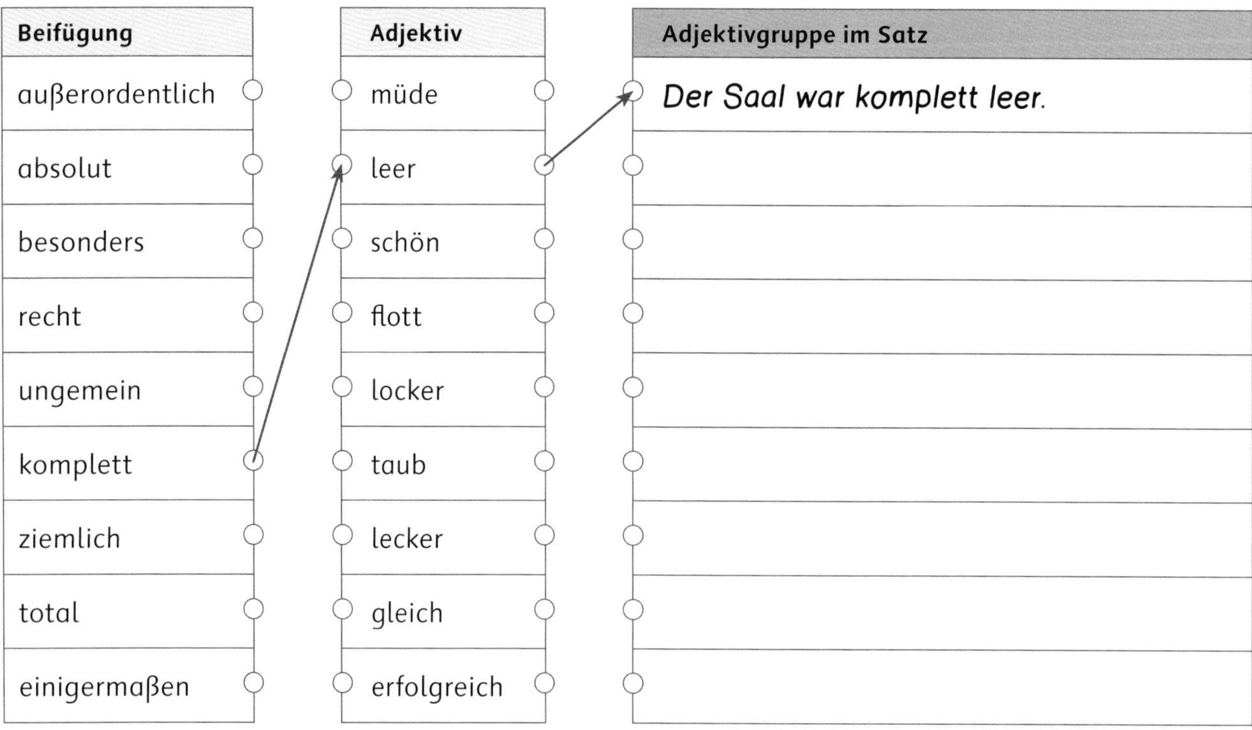

Beifügung	Adjektiv	Adjektivgruppe im Satz
außerordentlich	müde	*Der Saal war komplett leer.*
absolut	leer	
besonders	schön	
recht	flott	
ungemein	locker	
komplett	taub	
ziemlich	lecker	
total	gleich	
einigermaßen	erfolgreich	

➲ Finde Adjektive, die sich mit den Beifügungen (Adjektiven und Adverbien) in der Tabelle verstärken lassen.

verstärkende Beifügungen	
Adjektive	**Adverbien**
außergewöhnlich	
extrem	
wahnsinnig	
schrecklich	äußerst
gewaltig	besonders
total	sehr
völlig	höchst
echt	
super	
wirklich	

außergewöhnlich schön ....

....

....

....

....

....

....

Bedeutung von Adjektiven verstärken und abschwächen

➲ **Finde Adjektive, die sich mit den Beifügungen (Adjektiven und Adverbien) in der Tabelle abschwächen lassen.**

abschwächende Beifügungen	
Adjektive	**Adverbien**
	kaum
recht	wenig
ganz	einigermaßen
relativ	halbwegs
leicht	fast
mäßig	beinahe
ziemlich	nahezu
	etwas

recht müde

➲ **Bilde 6 Sätze mit den gefundenen Adjektiven.**

Gegensatzadjektive erkennen und finden

➲ Verbinde die Gegensatzadjektive miteinander.

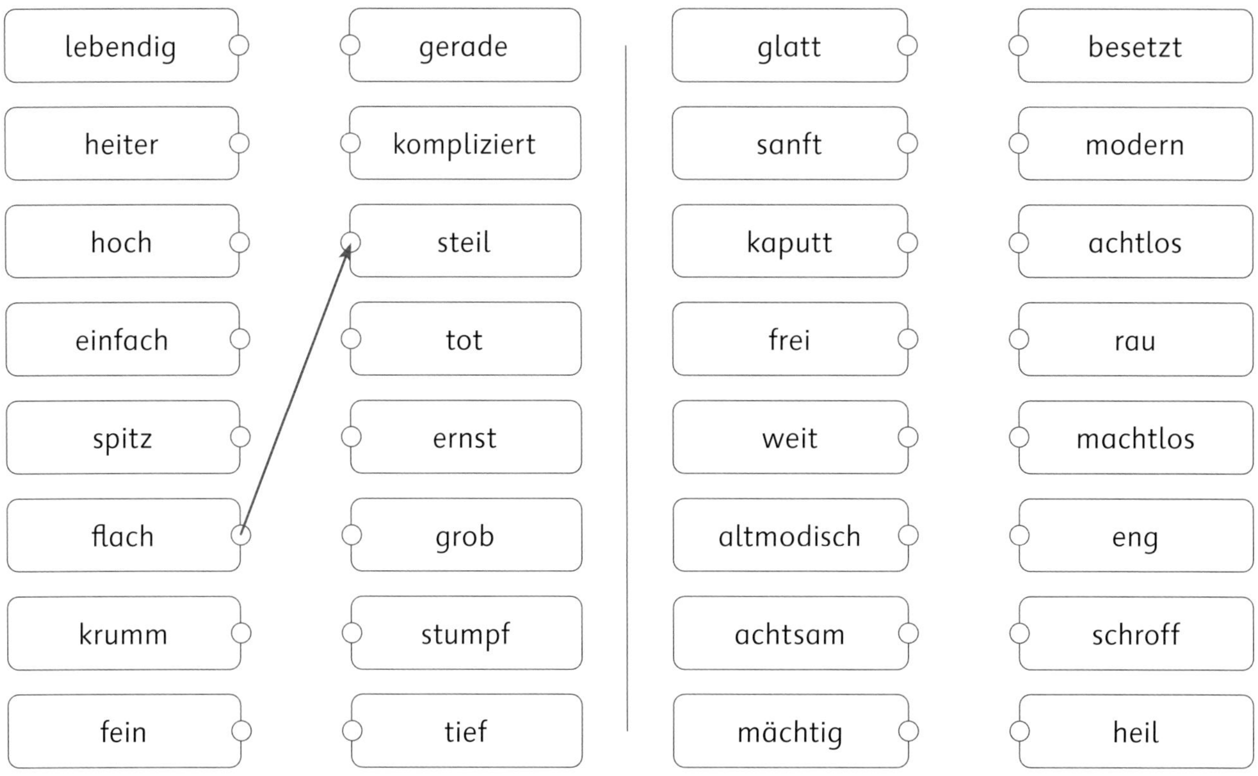

lebendig	gerade	glatt	besetzt
heiter	kompliziert	sanft	modern
hoch	steil	kaputt	achtlos
einfach	tot	frei	rau
spitz	ernst	weit	machtlos
flach	grob	altmodisch	eng
krumm	stumpf	achtsam	schroff
fein	tief	mächtig	heil

➲ Finde die passenden Gegensatzadjektive.

frech	→	*brav*
trüb	→	
künstlich	→	
überflüssig	→	
automatisch	→	
scharf	→	
öffentlich	→	

auffällig, fein, nützlich, still, ~~brav~~, eigensinnig, vorsätzlich, privat, klar, unnütz, gesetzlich, mild, mechanisch, fest, elektrisch, natürlich, lecker, grob, weich, manuell

Gegensatzadjektive mit Vorsilben bilden

Bilde die Gegensatzadjektive mit den passenden Vorsilben *(un-, im-, ir-, in-, il-, des-)*. Schreibe sie in die Tabelle.

kompliziert – ~~fair~~ – klar – kompetent – sinnig – vernünftig – interessiert – orientiert – möglich – gebildet – formell – tolerant – akzeptabel – geduldig – wahrscheinlich – mobil – relevant – reversibel – legal – reparabel – bescheiden – beliebt – ordentlich – abhängig – vorsichtig – flexibel – aufmerksam – sportlich – diskret – human – perfekt

un- (17x)	im- (2x)	ir- (3x)	in- (6x)	il- (1x)	des- (2x)
unfair					

Setze die passenden Adjektive in die folgenden Sätze ein.

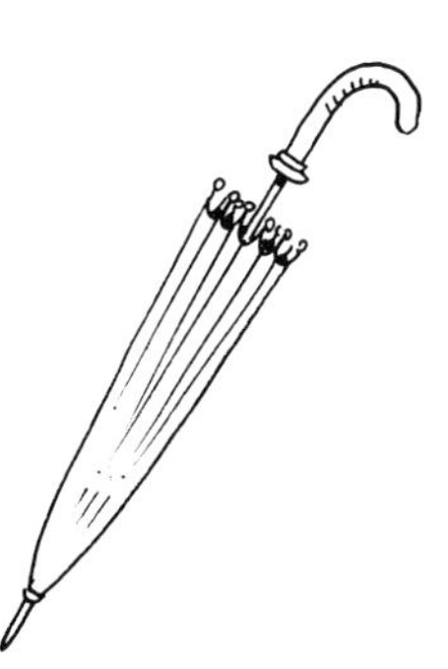

→ Jontes Zahnfehlstellung ist kompliziert und ....

→ Der Handel mit Drogen ist ....

→ Dass du so mit deinen sportlichen Leistungen angibst, finde ich ....

→ Es ist  .... , dass es morgen regnet.

→ Hast du keine Lust auf den Vortrag? Du wirkst so ....

Regenschirm: Norbert Höveler

Den Adjektivgebrauch unterscheiden: prädikativ, adverbial, attributiv

Kreuze an, um welchen Adjektivgebrauch es sich jeweils handelt.

prädikativer Gebrauch	**adverbialer Gebrauch**	**attributiver Gebrauch**
Das Adjektiv steht hinter dem Nomen und wird mit den Verben „bleiben", „sein", „werden" benutzt.	*Das Adjektiv steht hinter dem Nomen und bestimmt ein Verb näher.*	*Das Adjektiv steht vor dem Nomen und trägt eine Endung.*
Der Vogel *ist* **schön**. Die Frau *war* **nett**. Das Kind *bleibt* **fröhlich**.	Der Vogel *singt* **schön**. Die Frau *lächelt* **nett**. Das Kind *lacht* **fröhlich**.	der **schöne** *Vogel* die **nette** *Frau* das **fröhliche** *Kind*

	prädikativ	adverbial	attributiv
Die Übung **ist** schwierig.	×		
Gestern **war** es in der Stadt heiß.			
Ich mache uns heute einen leckeren **Salat.**			
Der Hund **bellte** laut im Hausflur.			
Es **lief** gut für uns bei dem Pokalspiel.			
Ich fahre jetzt gleich in die neue **Wohnung.**			
Er **verschwand** schnell um die Ecke.			
Damals gab es noch richtige **Winter.**			
Ich **blieb** regungslos und rührte mich nicht.			
Sie **hört** und **sieht** schlecht.			
Der Hund **ist** aber klein.			
Die grantige **Nachbarin** von nebenan mag ich nicht.			

Ergänze die Adjektive in den Sätzen.
Kreuze an, um welchen Adjektivgebrauch es sich jeweils handelt.

alten – bissig – fantastisch – grässlich – laut – leckeren – milden – neue – ~~richtig~~ – schnell – schwül – starr

	prädikativ	adverbial	attributiv
Die Lösung ist ....richtig..... .	×		
Vorgestern war es in der Stadt			
Verrate mir ein Rezept für einen .... Salat.			
Die Katzen jaulten .... im Hof.			
Das Pokalspiel lief			
Zeigst du mir demnächst die .... Wohnung?			
Der Polizist rannte .... hinterher.			
Diese .... Winter mag ich gar nicht.			
Eine Weile lang blieb ich .... und wartete ab.			
Neuerdings spricht sie so			
Der Hund ist auch			
Den .... Herrn aus dem ersten Stock mag ich sehr.			

Adjektive nach <u>bestimmtem</u> Artikel *(der/die/das)* deklinieren

So deklinierst du Adjektive nach bestimmtem Artikel:

Einzahl *(Singular)*			
Fall *(Kasus)*	**männlich** *(maskulin)*	**weiblich** *(feminin)*	**sächlich** *(neutral)*
1. **Fall** *(Nominativ)* → **Wer?**	**der** groß<u>e</u> Baum	**die** groß<u>e</u> Pflanze	**das** groß<u>e</u> Blatt
2. **Fall** *(Genitiv)* → **Wessen?**	**des** groß<u>en</u> Baumes	**der** groß<u>en</u> Pflanze	**des** groß<u>en</u> Blattes
3. **Fall** *(Dativ)* → **Wem?**	**dem** groß<u>en</u> Baum	**der** groß<u>en</u> Pflanze	**dem** groß<u>en</u> Blatt
4. **Fall** *(Akkusativ)* → **Wen?**	**den** groß<u>en</u> Baum	**die** groß<u>e</u> Pflanze	**das** groß<u>e</u> Blatt

Mehrzahl *(Plural)*			
Fall *(Kasus)*	**männlich** *(maskulin)*	**weiblich** *(feminin)*	**sächlich** *(neutral)*
1. **Fall** *(Nominativ)* → **Wer?**	**die** groß<u>en</u> Bäume	**die** groß<u>en</u> Pflanzen	**die** groß<u>en</u> Blätter
2. **Fall** *(Genitiv)* → **Wessen?**	**der** groß<u>en</u> Bäume	**der** groß<u>en</u> Pflanzen	**der** groß<u>en</u> Blätter
3. **Fall** *(Dativ)* → **Wem?**	**den** groß<u>en</u> Bäumen	**den** groß<u>en</u> Pflanzen	**den** groß<u>en</u> Blättern
4. **Fall** *(Akkusativ)* → **Wen?**	**die** groß<u>en</u> Bäume	**die** groß<u>en</u> Pflanzen	**die** groß<u>en</u> Blätter

Setze das Adjektiv *grün* in die Lücken ein und dekliniere es. Unterstreiche die Adjektivendungen.

Einzahl *(Singular)*			
Fall *(Kasus)*	**männlich** *(maskulin)*	**weiblich** *(feminin)*	**sächlich** *(neutral)*
1. **Fall** *(Nominativ)* → **Wer?**	**der** ...grün<u>e</u>... Baum	**die** .... Pflanze	**das** .... Blatt
2. **Fall** *(Genitiv)* → **Wessen?**	**des** .... Baumes	**der** .... Pflanze	**des** .... Blattes
3. **Fall** *(Dativ)* → **Wem?**	**dem** .... Baum	**der** .... Pflanze	**dem** .... Blatt
4. **Fall** *(Akkusativ)* → **Wen?**	**den** .... Baum	**die** .... Pflanze	**das** .... Blatt

Mehrzahl *(Plural)*			
Fall *(Kasus)*	**männlich** *(maskulin)*	**weiblich** *(feminin)*	**sächlich** *(neutral)*
1. **Fall** *(Nominativ)* → **Wer?**	**die** .... Bäume	**die** .... Pflanzen	**die** .... Blätter
2. **Fall** *(Genitiv)* → **Wessen?**	**der** .... Bäume	**der** .... Pflanzen	**der** .... Blätter
3. **Fall** *(Dativ)* → **Wem?**	**den** .... Bäumen	**den** .... Pflanzen	**den** .... Blättern
4. **Fall** *(Akkusativ)* → **Wen?**	**die** .... Bäume	**die** .... Pflanzen	**die** .... Blätter

Adjektive nach bestimmtem Artikel *(der/die/das)* deklinieren

➲ **Vervollständige die Sätze mit den Adjektivformen aus der Tabelle auf Seite 81. Schreibe die Fälle** *(Nominativ, Genitiv, Dativ oder Akkusativ)* **zu jedem Satz.**

Fall	Satz
Nominativ	Der ....alte........ *(alt)* Baum wurde gefällt.
	Den .... *(alt)* Baum musste man fällen.
	Dem .... *(alt)* Baum war nicht mehr zu helfen.
	Der .... *(klein)* Pflanze fehlt Wasser.
	Das .... *(braun)* Blatt fällt zu Boden.
	Die .... *(klein)* Pflanze gießt du viel zu selten.
	Dem .... *(alt)* Baum trauerten alle hinterher.
	Die .... *(klein)* Pflanze wird mal ein großer Strauch sein.
	Der .... *(klein)* Pflanze muss man etwas Dünger geben.
	Dem .... *(braun)* Blatt fehlt die Sonne.
	Die .... *(alt)* Bäume wurden gefällt.
	Die .... *(alt)* Bäume musste man fällen.
	Den .... *(alt)* Bäumen war nicht mehr zu helfen.
	Den .... *(klein)* Pflanzen fehlt Wasser.
	Die .... *(braun)* Blätter fallen zu Boden.
	Die .... *(klein)* Pflanzen gießt du viel zu selten.
	Den .... *(alt)* Bäumen trauerten alle hinterher.
	Die .... *(klein)* Pflanzen werden mal große Sträucher sein.
	Den .... *(klein)* Pflanzen muss man etwas Dünger geben.
	Den .... *(braun)* Blättern fehlt die Sonne.

Adjektive nach <u>bestimmtem</u> Artikel *(der/die/das)* deklinieren

Ergänze die bestimmten Artikel *der, die, das* und dekliniere die Adjektive, indem du die passende Endung hinzufügst.

[Der] **groß**e Schrank passt nicht in [den] **klein**en Kofferraum.

[ ] **neu**...... Restaurantbesitzer hat [ ] **alt**...... Speisekarte komplett überarbeitet.

[ ] **unerfahren**...... Autofahrerin hat [ ] **groß**...... Lkw völlig übersehen.

[ ] **alt**...... Kneipe wird demnächst in [ ] **historisch**...... Altstadtviertel umziehen.

[ ] **klein**...... Mädchen will [ ] **bunt**...... Luftballon nicht wieder abgeben.

[ ] **schwarz**...... T-Shirt passt nicht zu [ ] **weiß**...... Rock und [ ] **gelb**...... Jacke.

[ ] **gebraucht**...... Schrank hat sie in [ ] **groß**...... Möbellager gekauft.

[ ] **süß**...... Creme peppt [ ] **langweilig**...... und **trocken**...... Kuchen ein bisschen auf.

[ ] **spontan**...... Fest wurde durch [ ] **heftig**...... Sturm leider beendet.

[ ] **modern**...... Sofa passt gut zu [ ] **schön**......, **schnörkelig**...... Stehlampe.

[ ] **nett**...... Typ aus der 9a hat sich in [ ] **sportlich**...... Mädchen aus der 8b verguckt.

[ ] **alt**...... Kleid kannst du nicht zu [ ] **elegant**...... Ball anziehen.

[ ] **breit**...... Doppelbett nimmt in [ ] **klein**...... Wohnung viel zu viel Platz ein.

[ ] **schwierig**...... Aufgabe war nicht [ ] **größt**...... Herausforderung, die ich am Montag zu bewältigen hatte.

[ ] **lecker**...... Essen hat meine Schwester mit [ ] **modern**...... Fixtopf zubereitet.

[ ] **lang**...... Wanderung wurde [ ] **alt**...... Herrschaften zu beschwerlich und sie kehrten wieder um.

[ ] **klein**...... Hamster hat [ ] **groß**...... Käfig für sich allein.

[ ] **morsch**...... Baum hat [ ] **stark**...... Sturm standgehalten.

[ ] **widerspenstig**...... Esel hat [ ] **neu**...... Besitzer noch nicht so viel Freude gemacht.

Hamster: Astrid Wilkesmann

Adjektive nach <u>unbestimmtem</u> Artikel *(ein/eine/ein)* deklinieren

Einzahl *(Singular)*			
Fall *(Kasus)*	**männlich** *(maskulin)*	**weiblich** *(feminin)*	**sächlich** *(neutral)*
1. Fall *(Nominativ)* → **Wer?**	**ein** groß<u>er</u> Mann	**eine** groß<u>e</u> Frau	**ein** groß<u>es</u> Kind
2. Fall *(Genitiv)* → **Wessen?**	**eines** groß<u>en</u> Mannes	**einer** groß<u>en</u> Frau	**eines** groß<u>en</u> Kindes
3. Fall *(Dativ)* → **Wem?**	**einem** groß<u>en</u> Mann	**einer** groß<u>en</u> Frau	**einem** groß<u>en</u> Kind
4. Fall *(Akkusativ)* → **Wen?**	**einen** groß<u>en</u> Mann	**eine** groß<u>e</u> Frau	**ein** groß<u>es</u> Kind

Mehrzahl *(Plural)* **ein** → **Nullartikel**			
Fall *(Kasus)*	**männlich** *(maskulin)*	**weiblich** *(feminin)*	**sächlich** *(neutral)*
1. Fall *(Nominativ)* → **Wer?**	groß<u>e</u> Männer	groß<u>e</u> Frauen	groß<u>e</u> Kinder
2. Fall *(Genitiv)* → **Wessen?**	groß<u>er</u> Männer	groß<u>er</u> Frauen	groß<u>er</u> Kinder
3. Fall *(Dativ)* → **Wem?**	groß<u>en</u> Männern	groß<u>en</u> Frauen	groß<u>en</u> Kindern
4. Fall *(Akkusativ)* → **Wen?**	groß<u>e</u> Männer	groß<u>e</u> Frauen	groß<u>e</u> Kinder

Ergänze die unbestimmten Artikel *ein, eine* und dekliniere die Adjektive, indem du die passende Endung hinzufügst.

[Ein] **groß***er* Schrank passt nicht in [einen] **klein***en* Kofferraum.

[ ] **neu**........ Restaurantbesitzer hat [ ] **alt**........ Speisekarte komplett überarbeitet.

[ ] **unerfahren**........ Autofahrerin hat [ ] **groß**........ Lkw völlig übersehen.

[ ] **alt**........ Kneipe wird demnächst in [ ] **historisch**........ Altstadtviertel umziehen.

[ ] **klein**........ Mädchen will [ ] **bunt**........ Luftballon nicht wieder abgeben.

[ ] **schwarz**........ T-Shirt passt nicht zu [ ] **weiß**........ Rock und [ ] **gelb**........ Jacke.

[ ] **gebraucht**........ Schrank hat sie in [ ] **groß**........ Möbellager gekauft.

[ ] **süß**........ Creme peppt [ ] **langweilig**........ und **trocken**........ Kuchen ein bisschen auf.

[ ] **spontan**........ Fest wurde durch [ ] **heftig**........ Sturm leider beendet.

[ ] **modern**........ Sofa passt gut zu [ ] **schön**........, **schnörkelig**........ Stehlampe.

[ ] **nett**........ Typ aus der 9a hat sich in [ ] **sportlich**........ Mädchen aus der 8b verguckt.

Adjektive ohne Artikel deklinieren

Einzahl *(Singular)*			
Fall *(Kasus)*	**männlich** *(maskulin)*	**weiblich** *(feminin)*	**sächlich** *(neutral)*
1. Fall *(Nominativ)* → **Wer?**	Da ist guter Rat teuer.	Alte Liebe rostet nicht.	Neues Spiel, neues Glück.
2. Fall *(Genitiv)* → **Wessen?**	Wegen heftigen Regens wurde das Fest abgesagt.	Dank schneller Hilfe wurden wir gerettet.	Trotz schlechten Wetters gingen wir raus.
3. Fall *(Dativ)* → **Wem?**	Er erledigt alles mit großem Elan.	Mit neuer Energie startete sie durch.	Mit gutem Beispiel ging sie voran.
4. Fall *(Akkusativ)* → **Wen?**	Wir aßen frischen Käse.	Wir kaufen irische Butter.	Ich habe volles Vertrauen zu dir.

Mehrzahl *(Plural)*			
Fall *(Kasus)*	**männlich** *(maskulin)*	**weiblich** *(feminin)*	**sächlich** *(neutral)*
1. Fall *(Nominativ)* → **Wer?**	Kluge Menschen stellen viele Fragen.	Kalte Hände sind im Winter normal.	Wilde Tiere gehören nicht in die Wohnung.
2. Fall *(Genitiv)* → **Wessen?**	Er ist Kenner seltener Vögel.	Wir verkaufen Milch glücklicher Kühe.	Ich kenne einige Autoren langweiliger Bücher.
3. Fall *(Dativ)* → **Wem?**	Alten Menschen fällt manchmal etwas herunter.	Neuen Taschen kann ich nicht widerstehen.	Modernen Gedichten kann er nichts abgewinnen.
4. Fall *(Akkusativ)* → **Wen?**	Sie besaß wertvolle Ringe.	Sie erlebten helle Nächte.	Wir probierten leckere Brote.

➲ **Vervollständige die Sätze in der Tabelle mit passenden Adjektiven in der richtigen Form.**

Einzahl *(Singular)*			
Fall *(Kasus)*	**männlich** *(maskulin)*	**weiblich** *(feminin)*	**sächlich** *(neutral)*
1. Fall *(Nominativ)* → **Wer?**	.... Regen macht uns nichts aus.	Ihn zeichnete .... Schnelligkeit aus.	Bäcker Meiers Spezialität ist .... Vollkornbrot.
2. Fall *(Genitiv)* → **Wessen?**	Wegen .... Lärms hörten wir nichts.	Dank .... Hilfe geht es mir jetzt gut.	Aufgrund .... Gewitters brachen wir auf.
3. Fall *(Dativ)* → **Wem?**	.... Nachtisch kann ich nicht widerstehen.	Er macht sich nichts aus .... Milch.	Mit .... Haar ging ich nach draußen.
4. Fall *(Akkusativ)* → **Wen?**	Wir tranken .... Wein.	.... Marmelade mag ich lieber als Honig.	.... Grinsen kannst du dir sparen.

Mehrzahl *(Plural)*			
Fall *(Kasus)*	**männlich** *(maskulin)*	**weiblich** *(feminin)*	**sächlich** *(neutral)*
1. Fall *(Nominativ)* → **Wer?**	.... Hüte sind beim Pferderennen Pflicht.	.... Nächte sind hier besonders häufig.	Hier werden .... Gerichte serviert.
2. Fall *(Genitiv)* → **Wessen?**	Wegen .... Abschnitte wurde die Strecke gesperrt.	Dank .... Prognosen fiel das Ergebnis ganz wie erwartet aus.	Aufgrund zu .... Bücher brach das Regal.
3. Fall *(Dativ)* → **Wem?**	.... Menschen kann das leicht passieren.	Mein Bruder lauscht gern .... Geschichten.	Ich kann .... Kindern nichts abschlagen.
4. Fall *(Akkusativ)* → **Wen?**	Es gab zu dem Vorfall .... Kommentare.	.... Tulpen mag ich am liebsten.	In Island erlebt man .... Wunder.

Adjektive ohne Artikel deklinieren

➲ **Vervollständige die Adjektive mit den passenden Endungen.**

Nach **schwierig**en....... Verhandlungen wurde der Vertrag schließlich unterschrieben.

Er trank immer **eiskalt**........... Bier.

Trotz **schlecht**........... Wetterprognose hat das Konzert draußen stattgefunden.

Bei **genau**........... Hinsehen erkennt man den Fleck noch.

Nach **lang**........... Suchen fand sie endlich die perfekte Jeans.

Ich koche überwiegend **fettarm**........... Gerichte mit viel Gemüse.

Wegen **stark**........... Hustens musste er sein Konzert abbrechen.

Trotz **neu**........... Sportschuhe war sie eine der Letzten im Ziel.

Bei **lästig**........... Kopfschmerzen hilft dieses Mittel ganz schnell.

Nach **genau**........... Untersuchungen stand die Diagnose endlich fest.

Wegen **illegal**........... Handels wurde er zu fünf Jahren Haft verurteilt.

Trotz **organisatorisch**........... Vorgaben verlief das Straßenfest sehr chaotisch.

Ich liebe **italienisch**........... Essen.

Bei **regelmäßig**........... Einnahme hilft das Medikament innerhalb von drei Tagen.

Nach **sorgfältig**........... Betrachtung der Bauanleitung fand er endlich den Fehler.

Auf der Speisekarte stand **grün**........... Spargel in allen möglichen Variationen.

Seine Freunde hielten **toll**........... Überraschungen bereit.

Mit **gut**........... Freunden wird die Party bestimmt ein voller Erfolg.

Das sind **alt**........... Bekannte meiner Eltern aus unserer Heimatstadt.

Die Wettervorhersage kündigte **heftig**........... Sturm an.

Ich habe ganz **lecker**........... Kuchen mitgebracht.

Kariert........... Mäntel sind wieder total angesagt.

Dumm........... Fragen gibt es nicht.

Unbequem........... Schuhen verdanke ich eine Blase am Fuß.

Schuhe und Torte: Norbert Höveler

Adjektive nach Pronomen deklinieren

Suche passende Pronomen aus. Es passen mehrere. Setze sie in die Sätze ein und dekliniere die Adjektive. Schreibe immer 2 Varianten auf.

diese_ – jene_ – alle – einige_ – keine_ – jemand – manche_ – man – niemand – andere_ – solche_ – welche_ – sämtliche_ – beide_ – irgendwelche_ – mein_ – dein_ – sein_ – ihr_ – unser_ – euer/eure – mehr – viel_ – wenig_ – allerlei – keinerlei

→ Meine **groß**e Schwester hat allerlei **schick**e Klamotten.
Seine **groß**e Schwester hat keine **schick**en Klamotten.

→ ______ **klein**...... Kinder haben ______ **neu**...... Blumen zertrampelt.
______ **klein**...... Kinder haben ______ **neu**...... Blumen zertrampelt.

→ ______ **riesig**...... Hund bellt ______ **klein**...... Hunde an.
______ **riesig**...... Hund bellt ______ **klein**...... Hunde an.

→ Bei ______ **bekannt**...... Konzert können ______ **unbekannt**...... Bands spielen.
Bei ______ **bekannt**...... Konzert können ______ **unbekannt**...... Bands spielen.

→ In ______ **modern**...... Blumenladen gibt es ______ **rot**...... Blumensorten.
In ______ **modern**...... Blumenladen gibt es ______ **rot**...... Blumensorten.

→ Er mag ______ **heimisch**...... Obst.
Er mag ______ **heimisch**...... Obst.

→ Wir haben im Urlaub ______ **historisch**...... Orte der Insel besucht.
Wir haben im Urlaub ______ **historisch**...... Orte der Insel besucht.

Zahladjektive anwenden: Zahlen und Mengen

Zahlen

Trage passende Adjektive ein (als Wörter, nicht als Ziffern).
Achtung! Manchmal passen mehrere.

Eine Woche hat [*sieben*] Tage.

[ ] Schwalbe macht noch keinen Sommer.

Der Tag hat [ ] Stunden.

Mein Termin beim Zahnarzt ist erst in [ ] Wochen.

Aller guten Dinge sind [ ].

Gedulde dich bis übermorgen. Das sind nur noch [ ] Tage.

Der Film dauert eine Stunde und [ ] Minuten.

Wir kennen uns schon [ ] Jahre, [ ] Tage und [ ] Stunden.

[ ] Augen sehen mehr als [ ].

Wir treffen uns nach [ ] Uhr vor dem Eingang.

Der [ ] Bewerber bekam schließlich die Stelle.

Mengen

Suche passende Adjektive aus. Setze sie in die Sätze ein.
Es passen mehrere. Achte auf die richtigen Endungen.

wenig – zahllos – sonstig – unzählig – übrig – gering – einzeln – vereinzelt – zahlreich

Morgen soll es im Laufe des Tages [ ] Regenschauer geben.

Für den Kuchen braucht man nur eine [ ] Menge Mehl.

Am Ufer des Sees sah man [ ] Mücken herumschwirren.

Wegen des schlechten Wetters sind nur [ ] Zuschauer zum Spiel gekommen.

[ ] Besucher zog es bei strahlendem Wetter in die Cafés der Altstadt.

Ich habe die [ ] Punkte gezählt und dann addiert.

Dieses Dessert hat [ ] Kalorien und schmeckt trotzdem unglaublich gut.

In der Abteilung gibt es Milch, Käse, Quark und [ ] Milchprodukte.

Die [ ] Arbeitsblätter sind die Hausaufgabe für morgen.

Deine [ ] Hobbys lassen dir kaum Zeit für Freunde.

Zahladjektive anwenden: Zahlen und Mengen

Trage die passenden Adjektive ein. Achte auf die richtigen Endungen.

~~drei~~ – zahlreiche – viele – halbe – vierte – halbes – zweifache – dreifache – zwei – zweite – zehn – tausend

Überraschung bei der Eisschnelllauf-EM

Drei Pokale konnte die gegenwärtige .... Europameisterin im Eisschnelllauf schon nach Hause holen, der .... Pokal sollte dieses Jahr folgen. Doch die .... Mutter – ihre .... Jungs sind acht und .... Jahre alt – verpasste den Sieg diesmal sehr knapp um eine .... Sekunde. Es fehlten nicht .... Punkte, aber dennoch genug, um dieses Mal leer auszugehen. Der .... Platz war ihr zwar sicher, doch knapp .... Zuschauer vor Ort und weitere .... Fans vor den Fernsehern konnten miterleben, wie niedergeschmettert sie dennoch war. Ein .... Dutzend EM-Siege hätte sie gerne im Laufe ihrer Karriere errungen, hatte sie seinerzeit in einem Interview gesagt. Dieses Ziel ist jetzt weiter in die Ferne gerückt.

Bilde Sätze mit den folgenden unbestimmten Zahladjektiven.

zahllos ....

wenig ....

gering ....

einzeln ....

allerlei ....

bisschen ....

mehrere ....

etliche ....

Schlittschuhe: Norbert Höveler

LÖSUNGEN

Seite 6

Nomen erkennen und finden

NOMEN

Zum Aufwärmen: Nomen oder nicht? Kreuze an.
Es sind insgesamt 40 Nomen.

	ja	nein		ja	nein		ja	nein
KOPF	X		TIGER	X		LAUB	X	
LAUFEN		X	VERLIEREN		X	NATUR	X	
KONTROLLE	X		SPERRIG		X	WANDERN		X
WAND	X		VOR		X	NATÜRLICH		X
NARR	X		NORMAL		X	BUSFAHRERIN	X	
FREUNDSCHAFT	X		WECHSELHAFT		X	GLÜCK	X	
ANSPRUCH	X		BUS	X		OBST	X	
OBEN		X	UND		X	SCHALL	X	
KALT		X	RAD	X		STREICH	X	
KERN	X		FLIEG		X	TOLERANZ	X	
TOLL		X	BRÖTCHEN	X		BAD	X	
SUCHEN		X	DAS		X	RUHE	X	
OBER	X		ANTONIA	X		REITEN		X
SONNIG		X	BAHNHOF	X		FALLS		X
RIESE	X		GELD	X		RUBBELN		X
LISTE	X		VÄTERLICH		X	OHNE		X
WAHRHEIT	X		SPEZIALITÄT	X		RUF	X	
LIEST		X	WESPE	X		RATLOS		X
STANDARD	X		DVD	X		COUSIN	X	
FRUCHT	X		STRUMPF	X		WARUM		X
STIFT	X		MARKIEREN		X	KATZE	X	
KRANKHEIT	X		RÄUBER	X		GEJOGGT		X

6 Fit in Deutsch WORTARTEN: Nomen, Verben, Adjektive

Seite 7

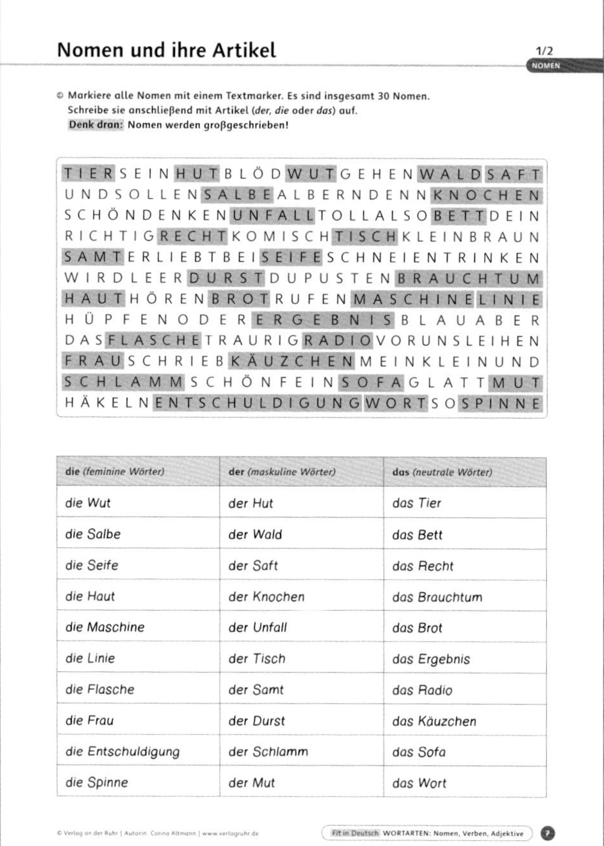

Nomen und ihre Artikel

1/2

NOMEN

Markiere alle Nomen mit einem Textmarker. Es sind insgesamt 30 Nomen.
Schreibe sie anschließend mit Artikel (*der, die* oder *das*) auf.
Denk dran: Nomen werden großgeschrieben!

TIERSEIN**HUT**BLÖD**WUT**GEHEN**WALD** **SAFT**
UNDSOLLEN**SALBE**ALBERNDENN**KNOCHEN**
SCHÖNDENKEN**UNFALL**TOLLALSO**BETT**DEIN
RICHTIG**RECHT**KOMISCH**TISCH**KLEINBRAUN
SAMTERLIEBTBEI**SEIFE**SCHNEIENTRINKEN
WIRDLEER**DURST**DUPUSTEN**BRAUCHTUM**
HAUTHÖREN**BROT**RUFEN**MASCHINE** **LINIE**
HÜPFENODER**ERGEBNIS**BLAUABER
DAS**FLASCHE**TRAURIG**RADIO**VORUNSLEIHEN
FRAUSCHRIEB**KÄUZCHEN**MEINKLEINUND
SCHLAMMSCHÖNFEIN**SOFA**GLATT**MUT**
HÄKELN**ENTSCHULDIGUNG** **WORT**SO**SPINNE**

die *(feminine Wörter)*	der *(maskuline Wörter)*	das *(neutrale Wörter)*
die Wut	der Hut	das Tier
die Salbe	der Wald	das Bett
die Seife	der Saft	das Recht
die Haut	der Knochen	das Brauchtum
die Maschine	der Unfall	das Brot
die Linie	der Tisch	das Ergebnis
die Flasche	der Samt	das Radio
die Frau	der Durst	das Käuzchen
die Entschuldigung	der Schlamm	das Sofa
die Spinne	der Mut	das Wort

 Fit in Deutsch WORTARTEN: Nomen, Verben, Adjektive 7

Seite 8

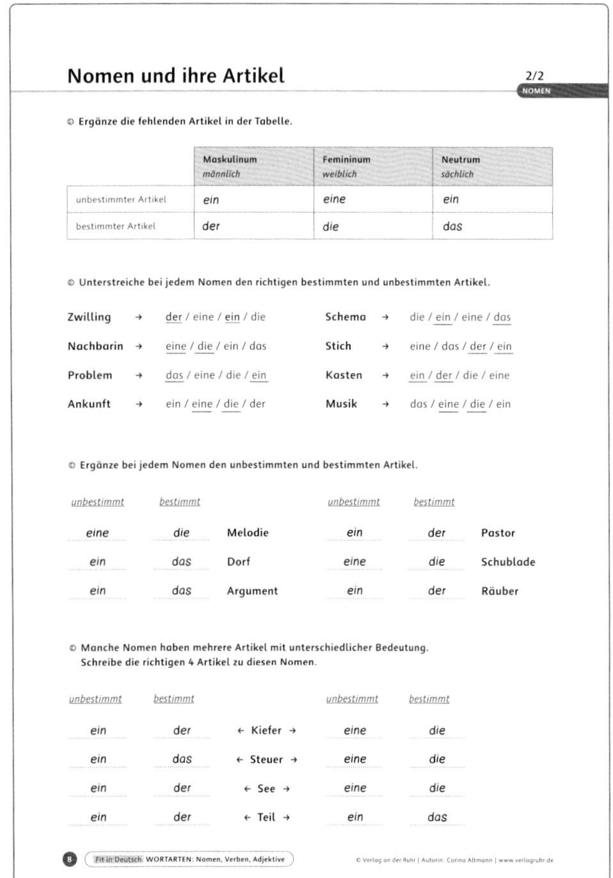

Nomen und ihre Artikel

2/2

NOMEN

Ergänze die fehlenden Artikel in der Tabelle.

	Maskulinum *männlich*	Femininum *weiblich*	Neutrum *sächlich*
unbestimmter Artikel	ein	eine	ein
bestimmter Artikel	der	die	das

Unterstreiche bei jedem Nomen den richtigen bestimmten und unbestimmten Artikel.

Zwilling	→	**der** / eine / **ein** / die	**Schema**	→	die / **ein** / eine / **das**
Nachbarin	→	**eine** / **die** / ein / das	**Stich**	→	eine / das / **der** / **ein**
Problem	→	**das** / eine / die / **ein**	**Kasten**	→	**ein** / **der** / die / eine
Ankunft	→	ein / **eine** / **die** / der	**Musik**	→	das / **eine** / **die** / ein

Ergänze bei jedem Nomen den unbestimmten und bestimmten Artikel.

unbestimmt	*bestimmt*		*unbestimmt*	*bestimmt*	
eine	die	Melodie	ein	der	Pastor
ein	das	Dorf	eine	die	Schublade
ein	das	Argument	ein	der	Räuber

Manche Nomen haben mehrere Artikel mit unterschiedlicher Bedeutung.
Schreibe die richtigen 4 Artikel zu diesen Nomen.

unbestimmt	*bestimmt*		*unbestimmt*	*bestimmt*
ein	der	← Kiefer →	eine	die
ein	das	← Steuer →	eine	die
ein	der	← See →	eine	die
ein	der	← Teil →	ein	das

8 Fit in Deutsch WORTARTEN: Nomen, Verben, Adjektive

Seite 9

Endungen femininer Wörter

NOMEN

Bei diesen Nomen fehlt die Endung. Suche die richtige Endung in der Tabelle und schreibe das Nomen mit dem weiblichen Artikel *die* dort auf.
Finde zu jeder Endung 1–2 eigene Wörter.

~~Schokol...~~ – ~~Verschwiegen...~~ – ~~Nat...~~ – ~~Tend...~~ – ~~Mann...~~ – ~~Kann...~~ – ~~Dist...~~ –
~~Gar...~~ – ~~Kündig...~~ – ~~Poliz...~~ – ~~Frech...~~ – ~~Coll...~~ – ~~Mandar...~~ – ~~Traurig...~~ – ~~Freund...~~ –
~~Reinig...~~ – ~~Intellig...~~ – ~~Dat...~~ – ~~Fotograf...~~ – ~~Tass...~~ – ~~Problemat...~~ – ~~Masch...~~

Wörter mit diesen Endungen sind (oft) feminin. Sie haben den Artikel „die":

mögliche Beispiele

Endung	Beispielwörter
-ade	die Schokolade, die Marmelade, die Maskerade
-age	die Garage, die Collage, die Blamage, die Courage
-anz	die Distanz, die Toleranz, die Diskrepanz
-ei	die Polizei, die Datei, die Malerei, die Kartei
-enz	die Tendenz, die Intelligenz, die Kongruenz, die Effizienz
-heit	die Verschwiegenheit, die Frechheit, die Verlegenheit, die Gelegenheit
-ie	die Fotografie, die Poesie, die Magie
-ik	die Problematik, die Mathematik, die Physik
-ine	die Mandarine, die Maschine, die Praline
-keit	die Traurigkeit, die Machbarkeit, die Sauberkeit
-schaft	die Mannschaft, die Freundschaft, die Herrschaft, die Errungenschaft
-ung	die Kündigung, die Reinigung, die Verlängerung, die Verteidigung
-ur	die Natur, die Kultur, die Karikatur
-e (oft)	die Kanne, die Tasse, die Kerze, die Liebe

 Fit in Deutsch WORTARTEN: Nomen, Verben, Adjektive 9

Lösungen: **Nomen**

Seite 10

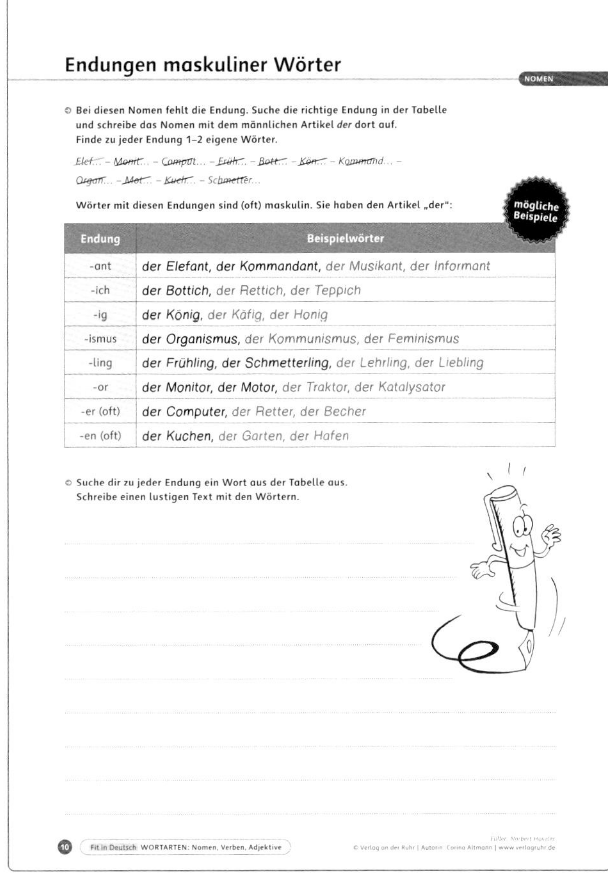

Endungen maskuliner Wörter

NOMEN

Bei diesen Nomen fehlt die Endung. Suche die richtige Endung in der Tabelle und schreibe das Nomen mit dem männlichen Artikel *der* dort auf. Finde zu jeder Endung 1–2 eigene Wörter.

~~Elef~~… – ~~Monit~~… – ~~Comput~~… – ~~Früh~~… – ~~Bott~~… – ~~Kön~~… – ~~Kommand~~… – ~~Organ~~… – ~~Mot~~… – ~~Kuch~~… – ~~Schmetter~~…

Wörter mit diesen Endungen sind (oft) maskulin. Sie haben den Artikel „der":

mögliche Beispiele

Endung	Beispielwörter
-ant	der Elefant, der Kommandant, der Musikant, der Informant
-ich	der Bottich, der Rettich, der Teppich
-ig	der König, der Käfig, der Honig
-ismus	der Organismus, der Kommunismus, der Feminismus
-ling	der Frühling, der Schmetterling, der Lehrling, der Liebling
-or	der Monitor, der Motor, der Traktor, der Katalysator
-er (oft)	der Computer, der Retter, der Becher
-en (oft)	der Kuchen, der Garten, der Hafen

Suche dir zu jeder Endung ein Wort aus der Tabelle aus. Schreibe einen lustigen Text mit den Wörtern.

Füller: Norbert Höveler

10 Fit in Deutsch WORTARTEN: Nomen, Verben, Adjektive — © Verlag an der Ruhr | Autorin: Corinna Altmann | www.verlagruhr.de

Seite 11

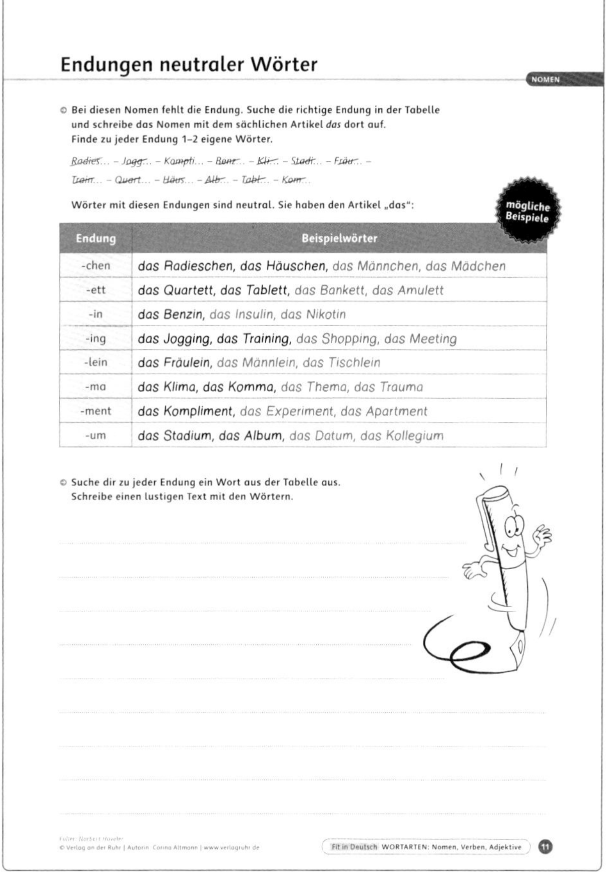

Endungen neutraler Wörter

NOMEN

Bei diesen Nomen fehlt die Endung. Suche die richtige Endung in der Tabelle und schreibe das Nomen mit dem sächlichen Artikel *das* dort auf. Finde zu jeder Endung 1–2 eigene Wörter.

~~Radies~~… – ~~Jogg~~… – ~~Kompli~~… – ~~Benz~~… – ~~Kli~~… – ~~Stadi~~… – ~~Fräu~~… – ~~Train~~… – ~~Quart~~… – ~~Häus~~… – ~~Alb~~… – ~~Tabl~~… – ~~Kom~~…

Wörter mit diesen Endungen sind neutral. Sie haben den Artikel „das":

mögliche Beispiele

Endung	Beispielwörter
-chen	das Radieschen, das Häuschen, das Männchen, das Mädchen
-ett	das Quartett, das Tablett, das Bankett, das Amulett
-in	das Benzin, das Insulin, das Nikotin
-ing	das Jogging, das Training, das Shopping, das Meeting
-lein	das Fräulein, das Männlein, das Tischlein
-ma	das Klima, das Komma, das Thema, das Trauma
-ment	das Kompliment, das Experiment, das Apartment
-um	das Stadium, das Album, das Datum, das Kollegium

Suche dir zu jeder Endung ein Wort aus der Tabelle aus. Schreibe einen lustigen Text mit den Wörtern.

Füller: Norbert Höveler

© Verlag an der Ruhr | Autorin: Corinna Altmann | www.verlagruhr.de — Fit in Deutsch WORTARTEN: Nomen, Verben, Adjektive 11

Seite 12

Mehrzahl (Plural)

1/2 NOMEN

Bilde die Mehrzahl (Plural) der Wörter. Unterstreiche den Unterschied, wenn es einen gibt.

Schreibe die Nummer der Pluralform hinter die Nomen.

1 = Endung -e; 2 = Endung -e mit Umlaut; 3 = Endung -n; 4 = Endung -en; 5 = ohne Endung; 6 = ohne Endung mit Umlaut; 7 = Endung -er; 8 = Endung -er mit Umlaut; 9 = Endung -s

die Flasche	die Flaschen	3	der Baum	die Bäume	2
das Auto	die Autos	9	der Teller	die Teller	5
der Vater	die Väter	6	der Dieb	die Diebe	1
die Universität	die Universitäten	4	das Haus	die Häuser	8
das Kind	die Kinder	7			

Bilde die Mehrzahl (Plural) der Wörter. Unterstreiche den Unterschied, wenn es einen gibt.

der Apfel	die Äpfel	(a → ä)	der Fisch	die Fische	
der Arm	die Arme		die Umgebung	die Umgebungen	
der Kuss	die Küsse	(u → ü)	das Dorf	die Dörfer	(o → ö)
die Schule	die Schulen		das Kamel	die Kamele	
die Tochter	die Töchter	(o → ö)	der Kater	die Kater	
die Mannschaft	die Mannschaften		der Job	die Jobs	
das Sofa	die Sofas		das Rad	die Räder	(a → ä)
der Ochse	die Ochsen		die Fahrt	die Fahrten	
der Garten	die Gärten	(a → ä)	das Moor	die Moore	
die Tür	die Türen		der Bäcker	die Bäcker	

12 Fit in Deutsch WORTARTEN: Nomen, Verben, Adjektive — © Verlag an der Ruhr | Autorin: Corinna Altmann | www.verlagruhr.de

Seite 13

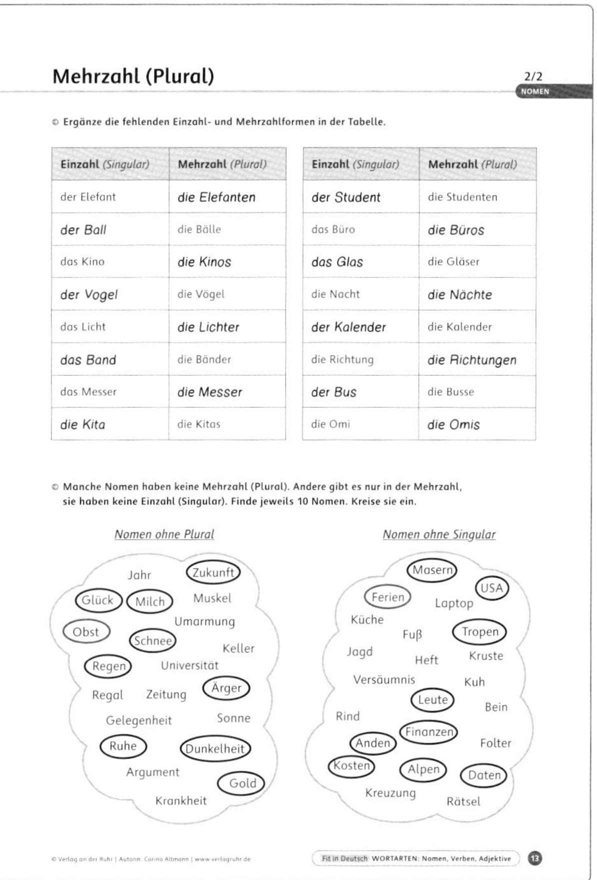

Mehrzahl (Plural)

2/2 NOMEN

Ergänze die fehlenden Einzahl- und Mehrzahlformen in der Tabelle.

Einzahl *(Singular)*	Mehrzahl *(Plural)*	Einzahl *(Singular)*	Mehrzahl *(Plural)*
der Elefant	die Elefanten	der Student	die Studenten
der Ball	die Bälle	das Büro	die Büros
das Kino	die Kinos	das Glas	die Gläser
der Vogel	die Vögel	die Nacht	die Nächte
das Licht	die Lichter	der Kalender	die Kalender
das Band	die Bänder	die Richtung	die Richtungen
das Messer	die Messer	der Bus	die Busse
die Kita	die Kitas	die Omi	die Omis

Manche Nomen haben keine Mehrzahl (Plural). Andere gibt es nur in der Mehrzahl, sie haben keine Einzahl (Singular). Finde jeweils 10 Nomen. Kreise sie ein.

Nomen ohne Plural

Jahr, **Zukunft**, **Glück**, **Milch**, Muskel, Umarmung, **Obst**, **Schnee**, Keller, **Regen**, Universität, Regal, Zeitung, **Ärger**, Gelegenheit, Sonne, **Ruhe**, **Dunkelheit**, Argument, **Gold**, Krankheit

Nomen ohne Singular

Masern, **USA**, **Ferien**, Laptop, Küche, Fuß, **Tropen**, Jagd, Heft, Kruste, Versäumnis, Kuh, **Leute**, Bein, Rind, **Finanzen**, **Anden**, Folter, **Kosten**, **Alpen**, **Daten**, Kreuzung, Rätsel

© Verlag an der Ruhr | Autorin: Corinna Altmann | www.verlagruhr.de — Fit in Deutsch WORTARTEN: Nomen, Verben, Adjektive 13

Lösungen: **Nomen**

Seite 14

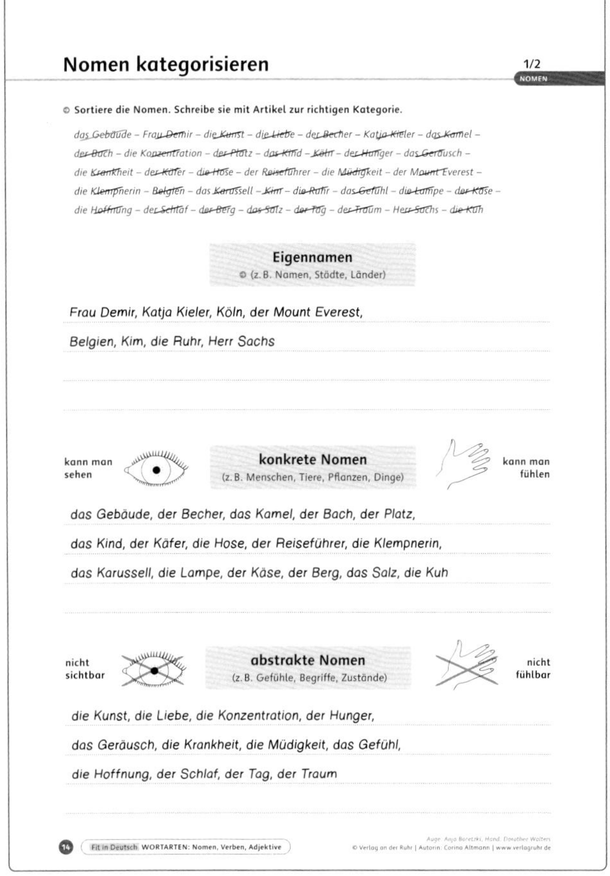

Nomen kategorisieren

1/2 NOMEN

Sortiere die Nomen. Schreibe sie mit Artikel zur richtigen Kategorie.

das Gebäude – Frau Demir – die Kunst – die Liebe – der Becher – Katja Kieler – das Kamel – der Bach – die Konzentration – der Platz – das Kind – Köln – der Hunger – das Geräusch – die Krankheit – der Käfer – die Hose – der Reiseführer – die Müdigkeit – der Mount Everest – die Klempnerin – Belgien – das Karussell – Kim – die Ruhr – das Gefühl – die Lampe – der Käse – die Hoffnung – der Schlaf – der Berg – das Salz – der Tag – der Traum – Herr Sachs – die Kuh

Eigennamen
(z.B. Namen, Städte, Länder)

Frau Demir, Katja Kieler, Köln, der Mount Everest,
Belgien, Kim, die Ruhr, Herr Sachs

kann man sehen — **konkrete Nomen** (z.B. Menschen, Tiere, Pflanzen, Dinge) — kann man fühlen

das Gebäude, der Becher, das Kamel, der Bach, der Platz,
das Kind, der Käfer, die Hose, der Reiseführer, die Klempnerin,
das Karussell, die Lampe, der Käse, der Berg, das Salz, die Kuh

nicht sichtbar — **abstrakte Nomen** (z.B. Gefühle, Begriffe, Zustände) — nicht fühlbar

die Kunst, die Liebe, die Konzentration, der Hunger,
das Geräusch, die Krankheit, die Müdigkeit, das Gefühl,
die Hoffnung, der Schlaf, der Tag, der Traum

14 Fit in Deutsch WORTARTEN: Nomen, Verben, Adjektive — © Verlag an der Ruhr | Autorin: Corina Altmann | www.verlagruhr.de

Seite 15

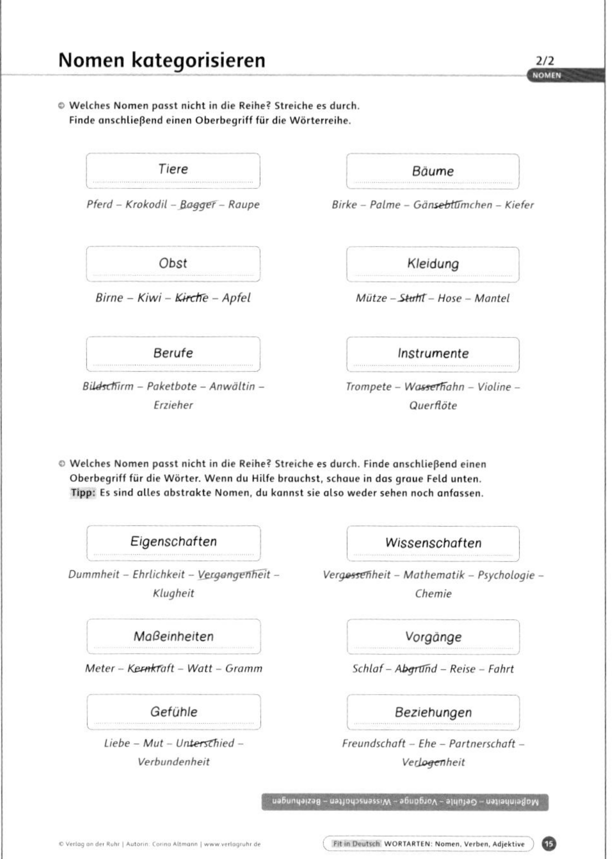

Nomen kategorisieren

2/2 NOMEN

Welches Nomen passt nicht in die Reihe? Streiche es durch. Finde anschließend einen Oberbegriff für die Wörterreihe.

Oberbegriff	Wörterreihe
Tiere	*Pferd – Krokodil – ~~Bagger~~ – Raupe*
Bäume	*Birke – Palme – ~~Gänseblümchen~~ – Kiefer*
Obst	*Birne – Kiwi – ~~Kirche~~ – Apfel*
Kleidung	*Mütze – ~~Stuhl~~ – Hose – Mantel*
Berufe	*~~Bildschirm~~ – Paketbote – Anwältin – Erzieher*
Instrumente	*Trompete – ~~Wasserhahn~~ – Violine – Querflöte*

Welches Nomen passt nicht in die Reihe? Streiche es durch. Finde anschließend einen Oberbegriff für die Wörter. Wenn du Hilfe brauchst, schaue in das graue Feld unten.
Tipp: Es sind alles abstrakte Nomen, du kannst sie also weder sehen noch anfassen.

Oberbegriff	Wörterreihe
Eigenschaften	*Dummheit – Ehrlichkeit – ~~Vergangenheit~~ – Klugheit*
Wissenschaften	*~~Vergessenheit~~ – Mathematik – Psychologie – Chemie*
Maßeinheiten	*Meter – ~~Kernkraft~~ – Watt – Gramm*
Vorgänge	*Schlaf – ~~Abgrund~~ – Reise – Fahrt*
Gefühle	*Liebe – Mut – ~~Unterschied~~ – Verbundenheit*
Beziehungen	*Freundschaft – Ehe – Partnerschaft – ~~Verlogenheit~~*

Maßeinheiten – Gefühle – Vorgänge – Wissenschaften – Beziehungen

© Verlag an der Ruhr | Autorin: Corina Altmann | www.verlagruhr.de — Fit in Deutsch WORTARTEN: Nomen, Verben, Adjektive 15

Seite 16

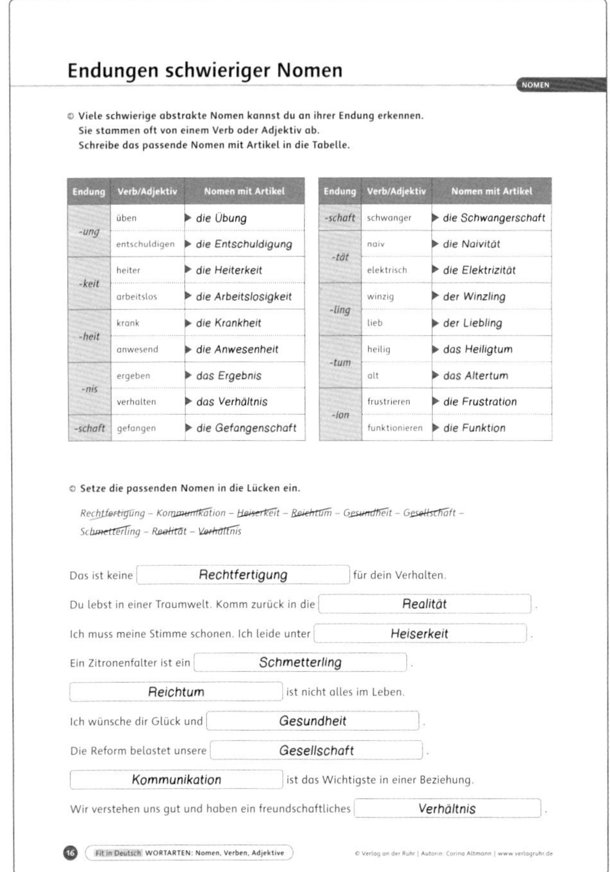

Endungen schwieriger Nomen

NOMEN

Viele schwierige abstrakte Nomen kannst du an ihrer Endung erkennen. Sie stammen oft von einem Verb oder Adjektiv ab. Schreibe das passende Nomen mit Artikel in die Tabelle.

Endung	Verb/Adjektiv	Nomen mit Artikel
-ung	üben	*die Übung*
	entschuldigen	*die Entschuldigung*
-keit	heiter	*die Heiterkeit*
	arbeitslos	*die Arbeitslosigkeit*
-heit	krank	*die Krankheit*
	anwesend	*die Anwesenheit*
-nis	ergeben	*das Ergebnis*
	verhalten	*das Verhältnis*
-schaft	gefangen	*die Gefangenschaft*

Endung	Verb/Adjektiv	Nomen mit Artikel
-schaft	schwanger	*die Schwangerschaft*
-tät	naiv	*die Naivität*
	elektrisch	*die Elektrizität*
-ling	winzig	*der Winzling*
	lieb	*der Liebling*
-tum	heilig	*das Heiligtum*
	alt	*das Altertum*
-ion	frustrieren	*die Frustration*
	funktionieren	*die Funktion*

Setze die passenden Nomen in die Lücken ein.

~~Rechtfertigung~~ – ~~Kommunikation~~ – ~~Heiserkeit~~ – ~~Reichtum~~ – ~~Gesundheit~~ – ~~Gesellschaft~~ – ~~Schmetterling~~ – ~~Realität~~ – ~~Verhältnis~~

Das ist keine *Rechtfertigung* für dein Verhalten.
Du lebst in einer Traumwelt. Komm zurück in die *Realität*.
Ich muss meine Stimme schonen. Ich leide unter *Heiserkeit*.
Ein Zitronenfalter ist ein *Schmetterling*.
Reichtum ist nicht alles im Leben.
Ich wünsche dir Glück und *Gesundheit*.
Die Reform belastet unsere *Gesellschaft*.
Kommunikation ist das Wichtigste in einer Beziehung.
Wir verstehen uns gut und haben ein freundschaftliches *Verhältnis*.

16 Fit in Deutsch WORTARTEN: Nomen, Verben, Adjektive — © Verlag an der Ruhr | Autorin: Corina Altmann | www.verlagruhr.de

Seite 17

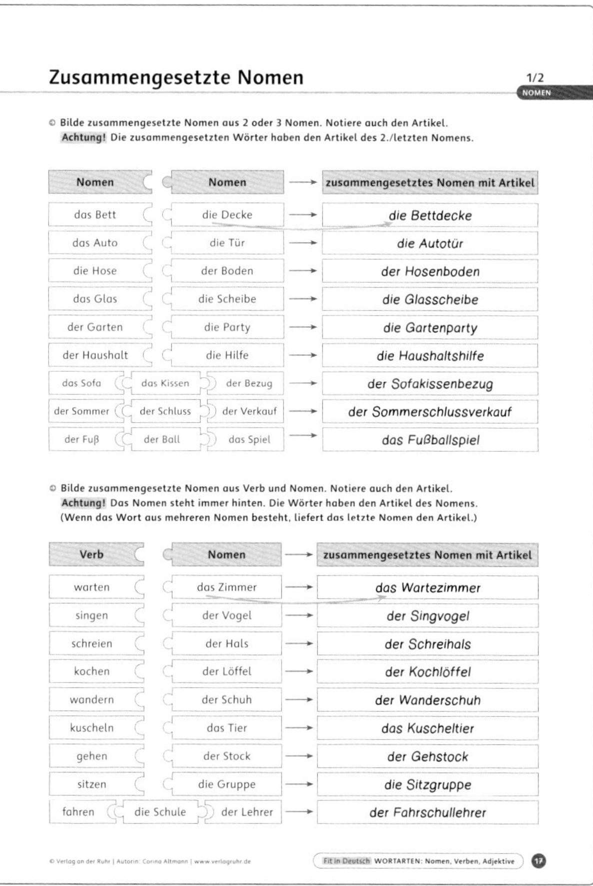

Zusammengesetzte Nomen

1/2 NOMEN

Bilde zusammengesetzte Nomen aus 2 oder 3 Nomen. Notiere auch den Artikel.
Achtung! Die zusammengesetzten Wörter haben den Artikel des 2./letzten Nomens.

Nomen	Nomen		zusammengesetztes Nomen mit Artikel
das Bett	die Decke		*die Bettdecke*
das Auto	die Tür		*die Autotür*
die Hose	der Boden		*der Hosenboden*
das Glas	die Scheibe		*die Glasscheibe*
der Garten	die Party		*die Gartenparty*
der Haushalt	die Hilfe		*die Haushaltshilfe*
das Sofa	das Kissen	der Bezug	*der Sofakissenbezug*
der Sommer	der Schluss	der Verkauf	*der Sommerschlussverkauf*
der Fuß	der Ball	das Spiel	*das Fußballspiel*

Bilde zusammengesetzte Nomen aus Verb und Nomen. Notiere auch den Artikel.
Achtung! Das Nomen steht immer hinten. Die Wörter haben den Artikel des Nomens. (Wenn das Wort aus mehreren Nomen besteht, liefert das letzte Nomen den Artikel.)

Verb	Nomen		zusammengesetztes Nomen mit Artikel
warten	das Zimmer		*das Wartezimmer*
singen	der Vogel		*der Singvogel*
schreien	der Hals		*der Schreihals*
kochen	der Löffel		*der Kochlöffel*
wandern	der Schuh		*der Wanderschuh*
kuscheln	das Tier		*das Kuscheltier*
gehen	der Stock		*der Gehstock*
sitzen	die Gruppe		*die Sitzgruppe*
fahren	die Schule	der Lehrer	*der Fahrschullehrer*

© Verlag an der Ruhr | Autorin: Corina Altmann | www.verlagruhr.de — Fit in Deutsch WORTARTEN: Nomen, Verben, Adjektive 17

Lösungen: Nomen

Seite 18

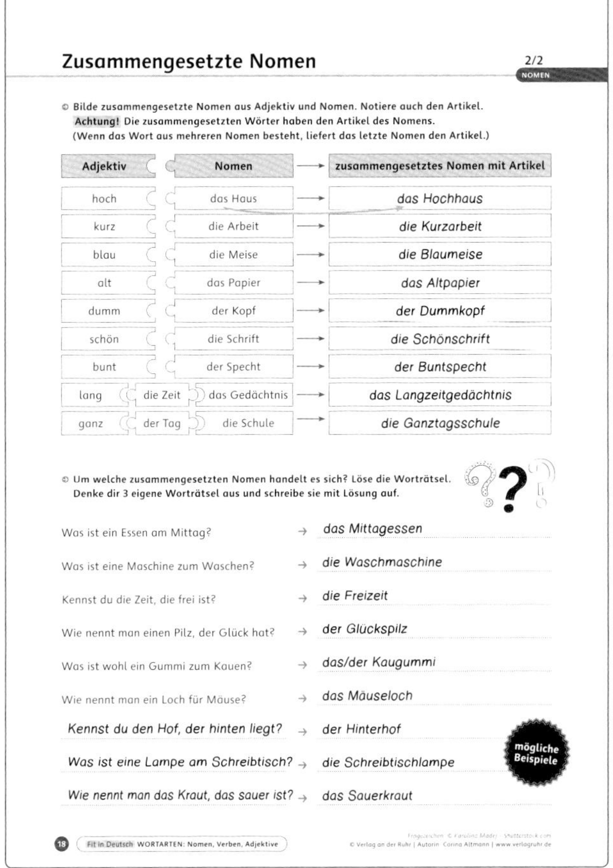

Zusammengesetzte Nomen

2/2 NOMEN

Bilde zusammengesetzte Nomen aus Adjektiv und Nomen. Notiere auch den Artikel.
Achtung! Die zusammengesetzten Wörter haben den Artikel des Nomens.
(Wenn das Wort aus mehreren Nomen besteht, liefert das letzte Nomen den Artikel.)

Adjektiv	Nomen	→	zusammengesetztes Nomen mit Artikel
hoch	das Haus	→	das Hochhaus
kurz	die Arbeit	→	die Kurzarbeit
blau	die Meise	→	die Blaumeise
alt	das Papier	→	das Altpapier
dumm	der Kopf	→	der Dummkopf
schön	die Schrift	→	die Schönschrift
bunt	der Specht	→	der Buntspecht
lang – die Zeit	das Gedächtnis	→	das Langzeitgedächtnis
ganz – der Tag	die Schule	→	die Ganztagsschule

Um welche zusammengesetzten Nomen handelt es sich? Löse die Worträtsel.
Denke dir 3 eigene Worträtsel aus und schreibe sie mit Lösung auf.

Was ist ein Essen am Mittag? → das Mittagessen
Was ist eine Maschine zum Waschen? → die Waschmaschine
Kennst du die Zeit, die frei ist? → die Freizeit
Wie nennt man einen Pilz, der Glück hat? → der Glückspilz
Was ist wohl ein Gummi zum Kauen? → das/der Kaugummi
Wie nennt man ein Loch für Mäuse? → das Mäuseloch
Kennst du den Hof, der hinten liegt? → der Hinterhof
Was ist eine Lampe am Schreibtisch? → die Schreibtischlampe
Wie nennt man das Kraut, das sauer ist? → das Sauerkraut

mögliche Beispiele

18 Fit in Deutsch WORTARTEN: Nomen, Verben, Adjektive
© Verlag an der Ruhr | Autorin: Corinna Altmann | www.verlagruhr.de

Seite 19

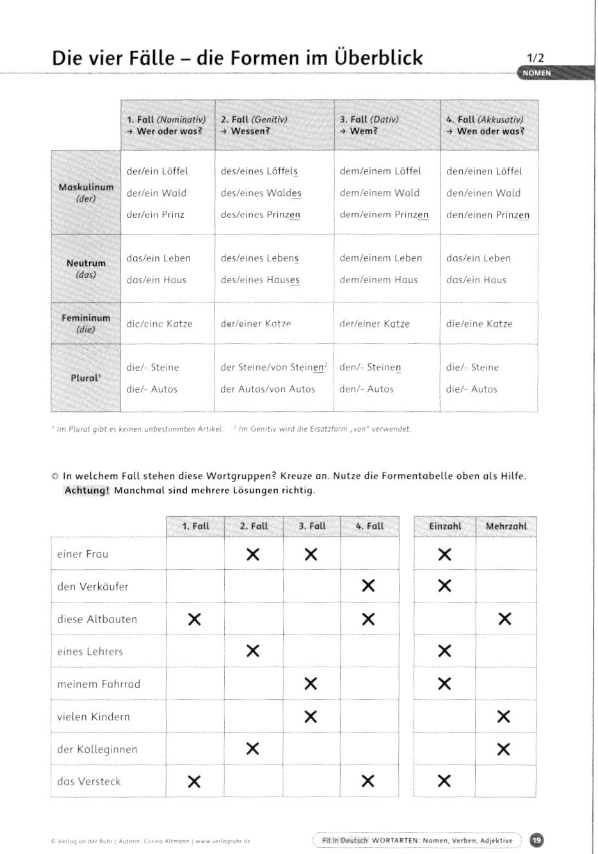

Die vier Fälle – die Formen im Überblick

1/2 NOMEN

	1. Fall (Nominativ) → Wer oder was?	2. Fall (Genitiv) → Wessen?	3. Fall (Dativ) → Wem?	4. Fall (Akkusativ) → Wen oder was?
Maskulinum (der)	der/ein Löffel der/ein Wald der/ein Prinz	des/eines Löffels des/eines Waldes des/eines Prinzen	dem/einem Löffel dem/einem Wald dem/einem Prinzen	den/einen Löffel den/einen Wald den/einen Prinzen
Neutrum (das)	das/ein Leben das/ein Haus	des/eines Lebens des/eines Hauses	dem/einem Leben dem/einem Haus	das/ein Leben das/ein Haus
Femininum (die)	die/eine Katze	der/einer Katze	der/einer Katze	die/eine Katze
Plural[1]	die/- Steine die/- Autos	der Steine/von Steinen[2] der Autos/von Autos	den/- Steinen den/- Autos	die/- Steine die/- Autos

[1] Im Plural gibt es keinen unbestimmten Artikel. [2] Im Genitiv wird die Ersatzform „von" verwendet.

In welchem Fall stehen diese Wortgruppen? Kreuze an. Nutze die Formentabelle oben als Hilfe.
Achtung! Manchmal sind mehrere Lösungen richtig.

	1. Fall	2. Fall	3. Fall	4. Fall	Einzahl	Mehrzahl
einer Frau		X	X		X	
den Verkäufer				X	X	
diese Altbauten	X			X		X
eines Lehrers		X			X	
meinem Fahrrad			X		X	
vielen Kindern			X			X
der Kolleginnen		X				X
das Versteck	X			X	X	

© Verlag an der Ruhr | Autorin: Corinna Altmann | www.verlagruhr.de
Fit in Deutsch WORTARTEN: Nomen, Verben, Adjektive 19

Seite 20

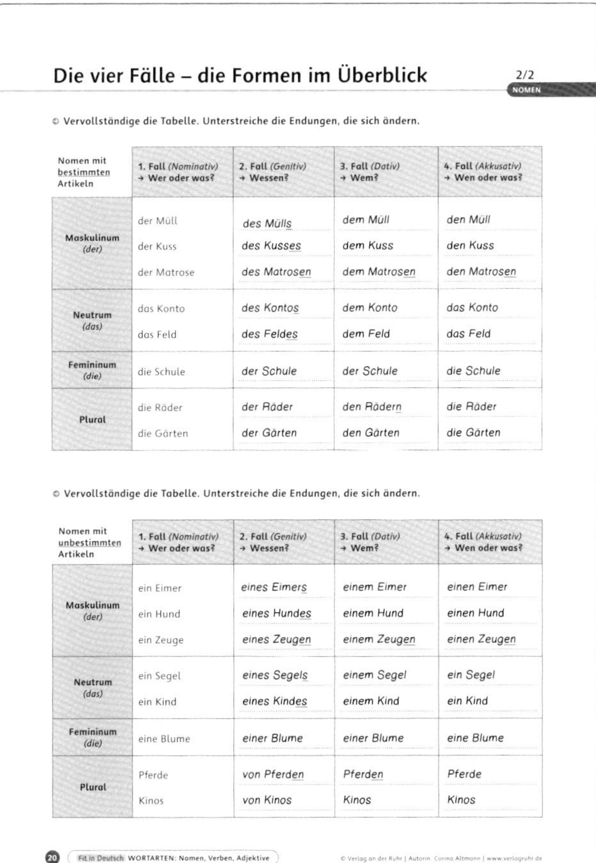

Die vier Fälle – die Formen im Überblick

2/2 NOMEN

Vervollständige die Tabelle. Unterstreiche die Endungen, die sich ändern.

Nomen mit bestimmten Artikeln	1. Fall (Nominativ) → Wer oder was?	2. Fall (Genitiv) → Wessen?	3. Fall (Dativ) → Wem?	4. Fall (Akkusativ) → Wen oder was?
Maskulinum (der)	der Müll der Kuss der Matrose	des Mülls des Kusses des Matrosen	dem Müll dem Kuss dem Matrosen	den Müll den Kuss den Matrosen
Neutrum (das)	das Konto das Feld	des Kontos des Feldes	dem Konto dem Feld	das Konto das Feld
Femininum (die)	die Schule	der Schule	der Schule	die Schule
Plural	die Räder die Gärten	der Räder der Gärten	den Rädern den Gärten	die Räder die Gärten

Vervollständige die Tabelle. Unterstreiche die Endungen, die sich ändern.

Nomen mit unbestimmten Artikeln	1. Fall (Nominativ) → Wer oder was?	2. Fall (Genitiv) → Wessen?	3. Fall (Dativ) → Wem?	4. Fall (Akkusativ) → Wen oder was?
Maskulinum (der)	ein Eimer ein Hund ein Zeuge	eines Eimers eines Hundes eines Zeugen	einem Eimer einem Hund einem Zeugen	einen Eimer einen Hund einen Zeugen
Neutrum (das)	ein Segel ein Kind	eines Segels eines Kindes	einem Segel einem Kind	ein Segel ein Kind
Femininum (die)	eine Blume	einer Blume	einer Blume	eine Blume
Plural	Pferde Kinos	von Pferden von Kinos	Pferden Kinos	Pferde Kinos

20 Fit in Deutsch WORTARTEN: Nomen, Verben, Adjektive
© Verlag an der Ruhr | Autorin: Corinna Altmann | www.verlagruhr.de

Seite 21

Die vier Fälle – 1. Fall (Nominativ)

NOMEN

Frage nach dem unterstrichenen Wort im 1. Fall (Nominativ).

Frage zum 1. Fall: Wer oder was …?

Die Katze liegt auf dem Sofa. → Wer (oder was) liegt auf dem Sofa?
Mir schmeckt das Käsebrot nicht. → (Wer oder) was schmeckt mir nicht?
Der Kassierer gibt mir den Kassenbon. → Wer (oder was) gibt mir den Kassenbon?
Jetzt sitzen die Schülerinnen und Schüler im Kreis. → Wer (oder was) sitzt im Kreis?
Kira und Firat fahren mit der Straßenbahn. → Wer (oder was) fährt mit der Straßenbahn?
Das Rezept hat mir meine Ärztin verschrieben. → Wer (oder was) hat mir das Rezept verschrieben?
Ich besuche heute meine Oma. → Wer (oder was) besucht heute meine Oma?
Die Wiese ist ganz vertrocknet. → (Wer oder) was ist ganz vertrocknet?

Frage nach dem Nominativ (1. Fall).
Unterstreiche den Nominativ (= Antwort auf die Frage).

Frage zum 1. Fall: Wer oder was …?

Emre fährt Roller. → Wer (oder was) fährt Roller?
Das Kaninchen läuft davon. → (Wer oder) was läuft davon?
Den Leuten gefällt das Theaterstück. → (Wer oder) was gefällt den Leuten?
Leonie schließt das Fenster. → Wer (oder was) schließt das Fenster?
Im Bus sitzen wir immer hinten. → Wer (oder was) sitzt im Bus immer hinten?
Das Buch hat mir mein Bruder geliehen. → Wer (oder was) hat mir das Buch geliehen?
Die Frau fährt viel zu schnell. → Wer (oder was) fährt viel zu schnell?
Das glaubst du doch wohl selbst nicht! → Wer (oder was) glaubt das doch wohl selbst nicht?

© Verlag an der Ruhr | Autorin: Corinna Altmann | www.verlagruhr.de
Fit in Deutsch WORTARTEN: Nomen, Verben, Adjektive 21

Lösungen: Nomen

Seite 22

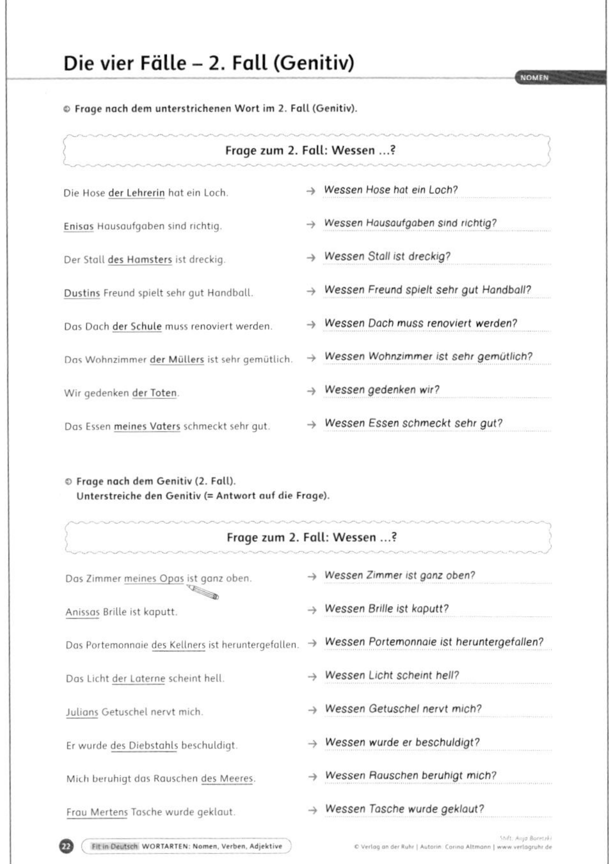

Die vier Fälle – 2. Fall (Genitiv)

NOMEN

Frage nach dem unterstrichenen Wort im 2. Fall (Genitiv).

Frage zum 2. Fall: Wessen …?

Die Hose der Lehrerin hat ein Loch. → *Wessen Hose hat ein Loch?*
Enisas Hausaufgaben sind richtig. → *Wessen Hausaufgaben sind richtig?*
Der Stall des Hamsters ist dreckig. → *Wessen Stall ist dreckig?*
Dustins Freund spielt sehr gut Handball. → *Wessen Freund spielt sehr gut Handball?*
Das Dach der Schule muss renoviert werden. → *Wessen Dach muss renoviert werden?*
Das Wohnzimmer der Müllers ist sehr gemütlich. → *Wessen Wohnzimmer ist sehr gemütlich?*
Wir gedenken der Toten. → *Wessen gedenken wir?*
Das Essen meines Vaters schmeckt sehr gut. → *Wessen Essen schmeckt sehr gut?*

Frage nach dem Genitiv (2. Fall).
Unterstreiche den Genitiv (= Antwort auf die Frage).

Frage zum 2. Fall: Wessen …?

Das Zimmer meines Opas ist ganz oben. → *Wessen Zimmer ist ganz oben?*
Anissas Brille ist kaputt. → *Wessen Brille ist kaputt?*
Das Portemonnaie des Kellners ist heruntergefallen. → *Wessen Portemonnaie ist heruntergefallen?*
Das Licht der Laterne scheint hell. → *Wessen Licht scheint hell?*
Julians Getuschel nervt mich. → *Wessen Getuschel nervt mich?*
Er wurde des Diebstahls beschuldigt. → *Wessen wurde er beschuldigt?*
Mich beruhigt das Rauschen des Meeres. → *Wessen Rauschen beruhigt mich?*
Frau Mertens Tasche wurde geklaut. → *Wessen Tasche wurde geklaut?*

22 Fit in Deutsch WORTARTEN: Nomen, Verben, Adjektive — Stift: Anja Boretzki — © Verlag an der Ruhr | Autorin: Corina Altmann | www.verlagruhr.de

Seite 23

Die vier Fälle – 3. Fall (Dativ)

NOMEN

Frage nach dem unterstrichenen Wort im 3. Fall (Dativ).

Frage zum 3. Fall: Wem …?

Ole gibt seiner Schwester ein Glas. → *Wem gibt Ole ein Glas?*
Meinem Freund geht es heute nicht gut. → *Wem geht es heute nicht gut?*
Das Auto nimmt der Radfahrerin die Vorfahrt. → *Wem nimmt das Auto die Vorfahrt?*
Der Junge kauft seinem Hund einen Ball. → *Wem kauft der Junge einen Ball?*
Das Schlüsselbund gehört der Hausmeisterin. → *Wem gehört das Schlüsselbund?*
Dem Maler fällt der Eimer herunter. → *Wem fällt der Eimer herunter?*
Der Film hat den Kids gut gefallen. → *Wem hat der Film gut gefallen?*
Ich habe ihm mein altes Spielzeug geschenkt. → *Wem habe ich mein altes Spielzeug geschenkt?*

Frage nach dem Dativ (3. Fall).
Unterstreiche den Dativ (= Antwort auf die Frage).

Frage zum 3. Fall: Wem …?

Ich glaube den anderen nicht. → *Wem glaube ich nicht?*
Nezha gratuliert ihrer Freundin zum Geburtstag. → *Wem gratuliert Nezha zum Geburtstag?*
Der Klasse gefällt der Stundenplan nicht. → *Wem gefällt der Stundenplan nicht?*
Er erzählt seiner Tante davon. → *Wem erzählt er davon?*
Dem Tiger schmeckt das Fleisch wohl nicht. → *Wem schmeckt das Fleisch wohl nicht?*
Sie zeigt ihrem Vater den Test. → *Wem zeigt sie den Test?*
Herr Haddad kauft seiner Frau einen Blumenstrauß. → *Wem kauft Herr Haddad einen Blumenstrauß?*
Wir laufen euch schon mal entgegen. → *Wem laufen wir schon mal entgegen?*

Stift: Anja Boretzki — © Verlag an der Ruhr | Autorin: Corina Altmann | www.verlagruhr.de — Fit in Deutsch WORTARTEN: Nomen, Verben, Adjektive 23

Seite 24

Die vier Fälle – 4. Fall (Akkusativ)

NOMEN

Frage nach dem unterstrichenen Wort im 4. Fall (Akkusativ).

Frage zum 4. Fall: Wen oder was …?

Den Roller habe ich nicht gesehen. → *(Wen oder) was habe ich nicht gesehen?*
Ich kenne Edda nicht gut. → *Wen (oder was) kenne ich nicht gut?*
Der Wind weht bunte Blätter von den Bäumen. → *(Wen oder) was weht der Wind von den Bäumen?*
Wir holen das Päckchen bei den Nachbarn ab. → *(Wen oder) was holen wir bei den Nachbarn ab?*
Sofija kauft eine Brezel. → *(Wen oder) was kauft Sofija?*
Die Karte habe ich heute bekommen. → *(Wen oder) was habe ich heute bekommen?*
Dieses Spiel finde ich langweilig. → *(Wen oder) was finde ich langweilig?*
Ich will euch hier nicht sehen! → *Wen (oder was) will ich hier nicht sehen?*

Frage nach dem Akkusativ (4. Fall).
Unterstreiche den Akkusativ (= Antwort auf die Frage).

Frage zum 4. Fall: Wen oder was …?

Ich kenne das Kind nicht. → *Wen (oder was) kenne ich nicht?*
Der Hund frisst den Braten vom Tisch. → *(Wen oder) was frisst der Hund vom Tisch?*
Das Sofa haben wir hochgetragen. → *(Wen oder) was haben wir hochgetragen?*
Wir grüßen die Nachbarn. → *Wen (oder was) grüßen wir?*
Scherin hat der Vater gar nicht gesehen. → *Wen (oder was) hat der Vater gar nicht gesehen?*
Die Kinder haben das Zimmer verwüstet. → *(Wen oder) was haben die Kinder verwüstet?*
Ich kaufe beim Bäcker fünf Brötchen. → *(Wen oder) was kaufe ich beim Bäcker?*
Den Teller habe ich zerbrochen. → *(Wen oder) was habe ich zerbrochen?*

24 Fit in Deutsch WORTARTEN: Nomen, Verben, Adjektive — Stift: Anja Boretzki — © Verlag an der Ruhr | Autorin: Corina Altmann | www.verlagruhr.de

Seite 25

Die vier Fälle – den richtigen Fall bestimmen

NOMEN

In welchem Fall steht das unterstrichene Wort bzw. die Wortgruppe?
Kreuze an.

Satz	Nominativ	Genitiv	Dativ	Akkusativ
Ich tanze heute mit Minka in den Mai.			X	
Dein Freund hat mir von dem Unfall erzählt.	X			
Frau Keller hat alle Pralinen gegessen.				X
Dein Mitleid brauche ich nicht.	X			
Wir lauschen dem Zwitschern der Vögel.		X		
Den Rat will sie nicht hören.				X
Amaru gibt mir das Buch seiner Freundin.		X		
Ich traue dem alten Mann nicht.			X	
Das lässt sie sich nicht gefallen.	X			
Den Satz schreibe ich noch zu Ende.				X

Setze die Wörter in der richtigen Form in die Lücken ein und ergänze einen Begleiter.
Stelle die Frage und bestimme den Fall.

Sie lädt *ihren Freund* (Freund) zum Essen ein.
Frage: *Wen (oder was) lädt sie zum Essen ein?* Fall: *Akkusativ*

Wir haben *dem Hamster* (Hamster) sein Futter gegeben.
Frage: *Wem haben wir sein Futter gegeben?* Fall: *Dativ*

Adnan freut sich *des Lebens* (Leben).
Frage: *Wessen freut sich Adnan?* Fall: *Genitiv*

Lange Spaziergänge macht *die alte Dame* (alte Dame) sehr gern.
Frage: *Wer (oder was) macht sehr gern lange Spaziergänge?* Fall: *Nominativ*

© Verlag an der Ruhr | Autorin: Corina Altmann | www.verlagruhr.de — Fit in Deutsch WORTARTEN: Nomen, Verben, Adjektive 25

Lösungen: **Nomen**

Seite 26

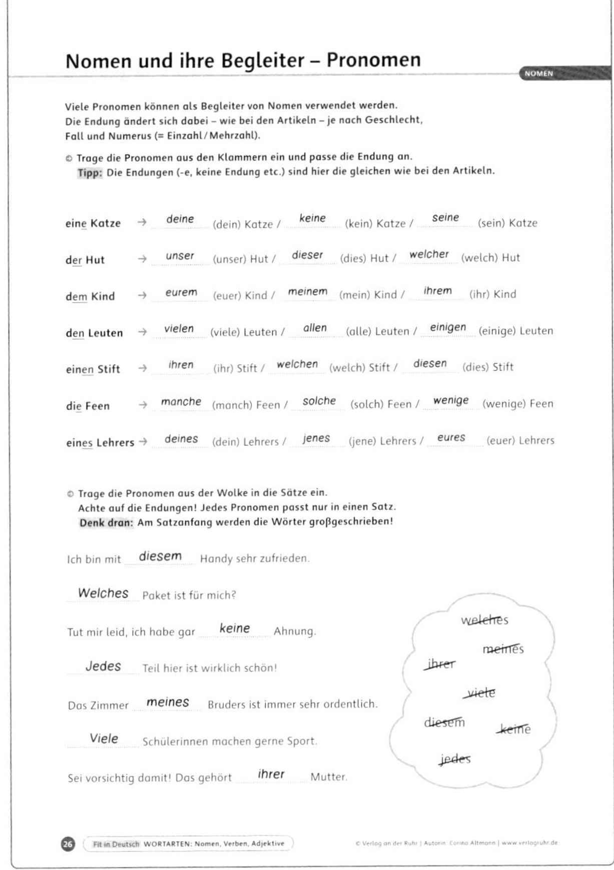

Nomen und ihre Begleiter – Pronomen

NOMEN

Viele Pronomen können als Begleiter von Nomen verwendet werden. Die Endung ändert sich dabei – wie bei den Artikeln – je nach Geschlecht, Fall und Numerus (= Einzahl / Mehrzahl).

Trage die Pronomen aus den Klammern ein und passe die Endung an.
Tipp: Die Endungen (-e, keine Endung etc.) sind hier die gleichen wie bei den Artikeln.

eine Katze →	*deine* (dein) Katze /	*keine* (kein) Katze /	*seine* (sein) Katze
der Hut →	*unser* (unser) Hut /	*dieser* (dies) Hut /	*welcher* (welch) Hut
dem Kind →	*eurem* (euer) Kind /	*meinem* (mein) Kind /	*ihrem* (ihr) Kind
den Leuten →	*vielen* (viele) Leuten /	*allen* (alle) Leuten /	*einigen* (einige) Leuten
einen Stift →	*ihren* (ihr) Stift /	*welchen* (welch) Stift /	*diesen* (dies) Stift
die Feen →	*manche* (manch) Feen /	*solche* (solch) Feen /	*wenige* (wenige) Feen
eines Lehrers →	*deines* (dein) Lehrers /	*jenes* (jene) Lehrers /	*eures* (euer) Lehrers

Trage die Pronomen aus der Wolke in die Sätze ein.
Achte auf die Endungen! Jedes Pronomen passt nur in einen Satz.
Denk dran: Am Satzanfang werden die Wörter großgeschrieben!

Ich bin mit *diesem* Handy sehr zufrieden.

Welches Paket ist für mich?

Tut mir leid, ich habe gar *keine* Ahnung.

Jedes Teil hier ist wirklich schön!

Das Zimmer *meines* Bruders ist immer sehr ordentlich.

Viele Schülerinnen machen gerne Sport.

Sei vorsichtig damit! Das gehört *ihrer* Mutter.

~~welches~~ ~~meines~~ ~~ihrer~~ ~~viele~~ ~~diesem~~ ~~keine~~ ~~jedes~~

26 Fit in Deutsch WORTARTEN: Nomen, Verben, Adjektive — © Verlag an der Ruhr | Autorin: Corina Altmann | www.verlagruhr.de

Seite 27

Nomen und ihre Begleiter – Präpositionen mit Artikel

NOMEN

Wenn bestimmte Präpositionen *(zu, an, in, bei, von)* vor dem bestimmten Artikel *(dem, das, der)* stehen, müssen sie oft zu einem Wort verschmelzen. Setze Präposition und Artikel zu einem Wort zusammen und setze den Pfeil. Formuliere anschließend 5 Beispielsätze.

zu dem → *zum*	an das → *ans*	bei dem → *beim*
zu der → *zur*	in dem → *im*	von dem → *vom*
an dem → *am*	in das → *ins*	

Beispielsätze: Zum Einkaufen nehme ich immer eine Stofftasche mit.

mögliche Beispiele

Zur Schule fahre ich immer mit dem Bus.

Können wir uns am Kiosk treffen?

Im Auto wird mir schnell schlecht.

Lass uns doch heute Abend ins Kino gehen.

Vom Lernen raucht mir der Kopf.

Es gibt weitere Präpositionen, die mit bestimmten Artikeln verschmelzen können. Verbinde Präposition und Artikel zu einem Wort und setze den Pfeil. Formuliere anschließend 5 Beispielsätze.
Achtung: Diese Verschmelzungen verwendet man meist nur in der gesprochenen Sprache!

auf das → *aufs*	hinter den → *hintern*	unter den → *untern*
durch das → *durchs*	über den → *übern*	unter dem → *unterm*
für das → *fürs*	über das → *übers*	vor dem → *vorm*
hinter das → *hinters*	um das → *ums*	vor das → *vors*

Beispielsätze:

mögliche Beispiele

Ich schaue durchs Fenster.

Ich habe dich hinters Licht geführt.

Die Drohne fliegt übers Haus.

Unterm Strich bringt das nicht viel.

Ich laufe vors Haus.

© Verlag an der Ruhr | Autorin: Corina Altmann | www.verlagruhr.de — Fit in Deutsch WORTARTEN: Nomen, Verben, Adjektive 27

Seite 28

Substantivierungen

1/2 NOMEN

Bilde aus den Verben Nomen (Substantivierung), indem du die Verben großschreibst.
Formuliere anschließend je einen passenden Beispielsatz mit dem vorgegebenen Begleiter.

Verb: **fahren** → Substantivierung: **das** *Fahren*
Beispielsatz: *Das Fahren mit meinem neuen Fahrrad macht Spaß.*

Verb: **schlafen** → Substantivierung: **zum** *Schlafen*
Beispielsatz: *Zum Schlafen brauche ich mein Kuschelkissen.*

mögliche Beispiele

Verb: **schreien** → Substantivierung: **dein** *Schreien*
Beispielsatz: *Dein Schreien macht mich wahnsinnig!*

Verb: **essen** → Substantivierung: **beim** *Essen*
Beispielsatz: *Beim Essen wird nicht geschmatzt!*

Bilde aus den Adjektiven Nomen (Substantivierung).
Formuliere anschließend je einen passenden Beispielsatz mit dem vorgegebenen Begleiter.

Adjektiv: **neu** → Substantivierung: **viel** *Neues*
Beispielsatz: *Es gibt nicht viel Neues.*

Adjektiv: **klein** → Substantivierung: **der** *Kleine*
Beispielsatz: *Der Kleine kann doch nichts dafür.*

mögliche Beispiele

Adjektiv: **schlimm** → Substantivierung: **das** *Schlimme*
Beispielsatz: *Das Schlimme ist, dass ich nichts dagegen tun kann.*

Adjektiv: **gut** → Substantivierung: **etwas** *Gutes*
Beispielsatz: *Etwas Gutes hat die Sache also doch.*

28 Fit in Deutsch WORTARTEN: Nomen, Verben, Adjektive — © Verlag an der Ruhr | Autorin: Corina Altmann | www.verlagruhr.de

Seite 29

Substantivierungen

2/2 NOMEN

In diesen Sätzen verstecken sich Verben und Adjektive, die zu Nomen geworden sind (Substantivierungen). Du erkennst sie daran, dass sie einen Begleiter haben. Unterstreiche die Wörter und deren Begleiter. Notiere sie im Kasten.

Satz	Kasten
Beim Joggen kommt die Frau aus der Puste.	*beim Joggen*
Das ist das Lustigste, was ich je gehört habe.	*das Lustigste*
Zum Kochen brauchen wir das Rezept meiner Oma.	*zum Kochen*
Heute habe ich nicht viel Neues gelernt.	*viel Neues*
Ihr Schnarchen hält Kalle die ganze Nacht wach.	*ihr Schnarchen*
Dieses Quietschen ist nicht auszuhalten.	*dieses Quietschen*
Beim Spazierengehen unterhalten sie sich viel.	*beim Spazierengehen*
Das Lachen ist ansteckend.	*das Lachen*

Groß oder klein? Überprüfe, ob es sich um eine Substantivierung handelt oder nicht. Kreuze an, welche Schreibweise richtig ist.

Wo ist der schöne Junge?	X	Wo ist der Schöne Junge?	
Das wichtigste ist die Gesundheit.		Das Wichtigste ist die Gesundheit.	X
Ich gehe gerne tanzen.	X	Ich gehe gerne Tanzen.	
Sie hatte einen Unfall beim radfahren.		Sie hatte einen Unfall beim Radfahren.	X
Ich habe durch fleißiges lernen bestanden.		Ich habe durch fleißiges Lernen bestanden.	X
Das ist eine gute Idee.	X	Das ist eine Gute Idee.	
Er kann nicht so gut zeichnen.	X	Er kann nicht so gut Zeichnen.	
Da war viel schönes dabei!		Da war viel Schönes dabei!	X
Alle mal herhören!	X	Alle mal Herhören!	

© Verlag an der Ruhr | Autorin: Corina Altmann | www.verlagruhr.de — Fit in Deutsch WORTARTEN: Nomen, Verben, Adjektive 29

Seite 32

Verben erkennen und finden

1/3 VERBEN

Zum Aufwärmen: Verb oder nicht? Kreuze an.
Es sind 40 Verben in verschiedenen Formen.

	ja	nein		ja	nein		ja	nein
KANNE		X	BACKEN	X		DARF	X	
HAFEN		X	LUSTIG		X	VERSTEHEN	X	
TRÄUMT	X		ANFANGEN	X		UNTEN		X
BODEN		X	MUSS	X		VORN		X
GELAUFEN	X		NIEST	X		LESUNG		X
NATÜRLICH		X	FADEN		X	AUSDENKEN	X	
GELINGEN	X		ZERBRICHT	X		WIDERLICH		X
MÜSSTE	X		ÜBERHOLST	X		KÖNNTE	X	
SEELEN		X	GIB	X		KÄLTER		X
BERATEN	X		FAND	X		ERBAUT	X	
ZIEHEN	X		BEKOMME	X		SUPPEN		X
BEDAUERN	X		SURFT	X		HOPPLA		X
MITHILFE		X	NIMMST	X		GEBRATEN	X	
FRIEDEN		X	TRÄGST	X		WEGEN		X
LASSEN	X		TROCKNEN	X		TÜCHER		X
KOPIERT	X		GERN		X	NENNEN	X	
GEWUSST	X		SANFT		X	MONATE		X
HÄNGEN	X		RASTEN	X		LOCHER		X
SONDERBAR		X	MARTIN		X	EINLEGEN	X	
ABHOLEN	X		GEWESEN	X		HAST	X	
SCHREIB	X		PFLASTER		X	TUST	X	
VERGANGEN	X		BLEIBE	X		SCHEIBE		X

32 Fit in Deutsch WORTARTEN: Nomen, Verben, Adjektive

© Verlag an der Ruhr | Autorin: Corinna Altmann | www.verlagruhr.de

Seite 33

Verben erkennen und finden

2/3 VERBEN

Markiere alle Verbformen mit einem Textmarker. Es sind 30 Verben.
Achtung! Die meisten der Verben stehen in einer gebeugten Form.

BILD**GEHST**SELTEN**NIMMT**FLÄCHEAUCH**WOHNE****HAT**
WANNZIMMER**HOLEN****KOMMT**GEBIRGEHÜBSCH
FÄLLTRICHTIGBALKON**REGNET****KÄMPFST**WÄSCHE
BRAUCHEALLE**AKZEPTIERT**SCHNELLSORGSAM
WANDERT**SEGELST**KINOKATERBEWERBUNG
WERK**SCHNATTERN**HAUFEN**BRICHT**HASEN
GLÜCKLICHDORT**ÖFFNEST**KOCHDICHBLAU**ANGELE**
RABENBERG**SAUSEN****LEBT**BEIMROSEES**WÜNSCHST**
HONIGBESEN**WEDELT**LINKS**WILL**NIE**ÜBERZEUGE**
NÜCHTERNRADIOIM**POLTERT****ISST**LEHRER**GRATULIERE**
UNTENRINGVIELES**ERÖRTERN****HEULT**NUNBUSCHLOS
HEIMATMEIN**STRICKE**GEFAHRFEUERWEHR**VERFÄHRT**

Schreibe die gefundenen Verben in der Grundform (= im Infinitiv) in die Tabelle.
Die meisten Grundformen enden auf -en, aber es gibt auch Verben auf -ern und -eln.

Grundform auf -en (23x)			Grundform auf -eln (3x)
gehen	kämpfen	wollen	segeln
nehmen	brauchen	überzeugen	angeln
wohnen	akzeptieren	essen	wedeln
haben	brechen	gratulieren	**Grundform auf -ern (4x)**
holen	öffnen	heulen	wandern
kommen	sausen	stricken	schnattern
fallen	leben	verfahren	poltern
regnen	wünschen		erörtern

© Verlag an der Ruhr | Autorin: Corinna Altmann | www.verlagruhr.de

Fit in Deutsch WORTARTEN: Nomen, Verben, Adjektive 33

Seite 34

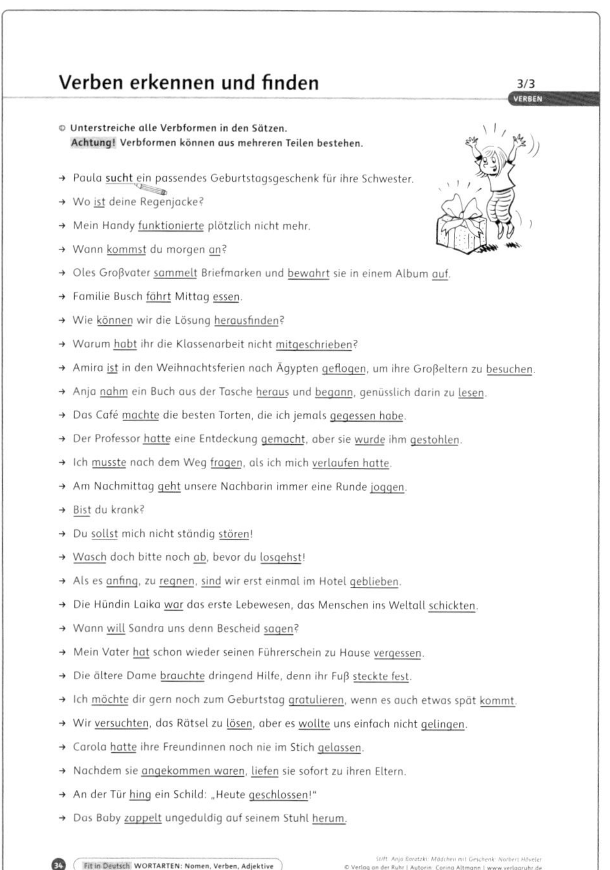
Verben erkennen und finden

3/3 VERBEN

Unterstreiche alle Verbformen in den Sätzen.
Achtung! Verbformen können aus mehreren Teilen bestehen.

- Paula **sucht** ein passendes Geburtstagsgeschenk für ihre Schwester.
- Wo **ist** deine Regenjacke?
- Mein Handy **funktionierte** plötzlich nicht mehr.
- Wann **kommst** du morgen **an**?
- Oles Großvater **sammelt** Briefmarken und **bewahrt** sie in einem Album **auf**.
- Familie Busch **fährt** Mittag **essen**.
- Wie **können** wir die Lösung **herausfinden**?
- Warum **habt** ihr die Klassenarbeit nicht **mitgeschrieben**?
- Amira **ist** in den Weihnachtsferien nach Ägypten **geflogen**, um ihre Großeltern zu **besuchen**.
- Anja **nahm** ein Buch aus der Tasche **heraus** und **begann**, genüsslich darin zu **lesen**.
- Das Café **machte** die besten Torten, die ich jemals **gegessen habe**.
- Der Professor **hatte** eine Entdeckung **gemacht**, aber sie **wurde** ihm **gestohlen**.
- Ich **musste** nach dem Weg **fragen**, als ich mich **verlaufen hatte**.
- Am Nachmittag **geht** unsere Nachbarin immer eine Runde **joggen**.
- **Bist** du krank?
- Du **sollst** mich nicht ständig **stören**!
- **Wasch** doch bitte noch **ab**, bevor du **losgehst**!
- Als es **anfing**, zu **regnen**, **sind** wir erst einmal im Hotel **geblieben**.
- Die Hündin Laika **war** das erste Lebewesen, das Menschen ins Weltall **schickten**.
- Wann **will** Sandra uns denn Bescheid **sagen**?
- Mein Vater **hat** schon wieder seinen Führerschein zu Hause **vergessen**.
- Die ältere Dame **brauchte** dringend Hilfe, denn ihr Fuß **steckte fest**.
- Ich **möchte** dir gern noch zum Geburtstag **gratulieren**, wenn es auch etwas spät **kommt**.
- Wir **versuchten**, das Rätsel zu **lösen**, aber es **wollte** uns einfach nicht **gelingen**.
- Carola **hatte** ihre Freundinnen noch nie im Stich **gelassen**.
- Nachdem sie **angekommen waren**, **liefen** sie sofort zu ihren Eltern.
- An der Tür **hing** ein Schild: „Heute **geschlossen**!"
- Das Baby **zappelt** ungeduldig auf seinem Stuhl **herum**.

34 Fit in Deutsch WORTARTEN: Nomen, Verben, Adjektive

© Verlag an der Ruhr | Autorin: Corinna Altmann | www.verlagruhr.de

Seite 35

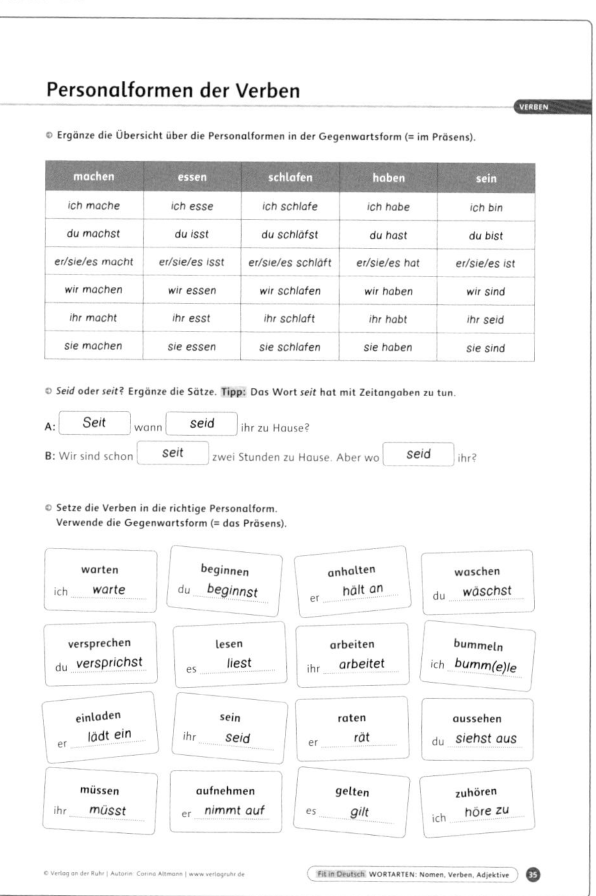
Personalformen der Verben

VERBEN

Ergänze die Übersicht über die Personalformen in der Gegenwartsform (= im Präsens).

machen	essen	schlafen	haben	sein
ich mache	ich esse	ich schlafe	ich habe	ich bin
du machst	du isst	du schläfst	du hast	du bist
er/sie/es macht	er/sie/es isst	er/sie/es schläft	er/sie/es hat	er/sie/es ist
wir machen	wir essen	wir schlafen	wir haben	wir sind
ihr macht	ihr esst	ihr schlaft	ihr habt	ihr seid
sie machen	sie essen	sie schlafen	sie haben	sie sind

Seid oder *seit*? Ergänze die Sätze. Tipp: Das Wort *seit* hat mit Zeitangaben zu tun.

A: Seit wann seid ihr zu Hause?

B: Wir sind schon seit zwei Stunden zu Hause. Aber wo seid ihr?

Setze die Verben in die richtige Personalform.
Verwende die Gegenwartsform (= das Präsens).

warten	beginnen	anhalten	waschen
ich warte	du beginnst	er hält an	du wäschst

versprechen	lesen	arbeiten	bummeln
du versprichst	es liest	ihr arbeitet	ich bumm(e)le

einladen	sein	raten	aussehen
er lädt ein	ihr seid	er rät	du siehst aus

müssen	aufnehmen	gelten	zuhören
ihr müsst	er nimmt auf	es gilt	ich höre zu

© Verlag an der Ruhr | Autorin: Corinna Altmann | www.verlagruhr.de

Fit in Deutsch WORTARTEN: Nomen, Verben, Adjektive 35

Lösungen: **Verben**

Seite 36

Zeitformen der Verben – Überblick

1/2 VERBEN

Schaue dir die Verben in den verschiedenen Zeitformen an. Wie verändern sie sich? Markiere Besonderheiten.

Grundform / Zeitform	kaufen	gehen	erkennen
Präsens	er kauft	sie geht	ich erkenne
Präteritum	er kaufte	sie ging	ich erkannte
Perfekt	er **hat** gekauft	sie **ist** gegangen	ich **habe** erkannt
Plusquamperfekt	er **hatte** gekauft	sie **war** gegangen	ich **hatte** erkannt
Futur I	er **wird** kaufen	sie **wird** gehen	ich **werde** erkennen
Futur II	er **wird** gekauft **haben**	sie **wird** gegangen **sein**	ich **werde** erkannt **haben**

Fülle die Lücken in der Tabelle mit den richtigen Verbformen.

Grundform / Zeitform	nehmen	haben	reisen
Präsens	er nimmt	du hast	ich **reise**
Präteritum	er **nahm**	du **hattest**	ich **reiste**
Perfekt	er hat **genommen**	du **hast** gehabt	ich **bin gereist**
Plusquamperfekt	er **hatte** genommen	du hattest **gehabt**	ich **war** gereist
Futur I	er **wird** nehmen	du **wirst haben**	ich **werde** reisen
Futur II	er wird **genommen** haben	du wirst **gehabt** haben	ich werde gereist **sein**

36 Fit in Deutsch WORTARTEN: Nomen, Verben, Adjektive © Verlag an der Ruhr | Autorin: Corinna Altmann | www.verlagruhr.de

Seite 37

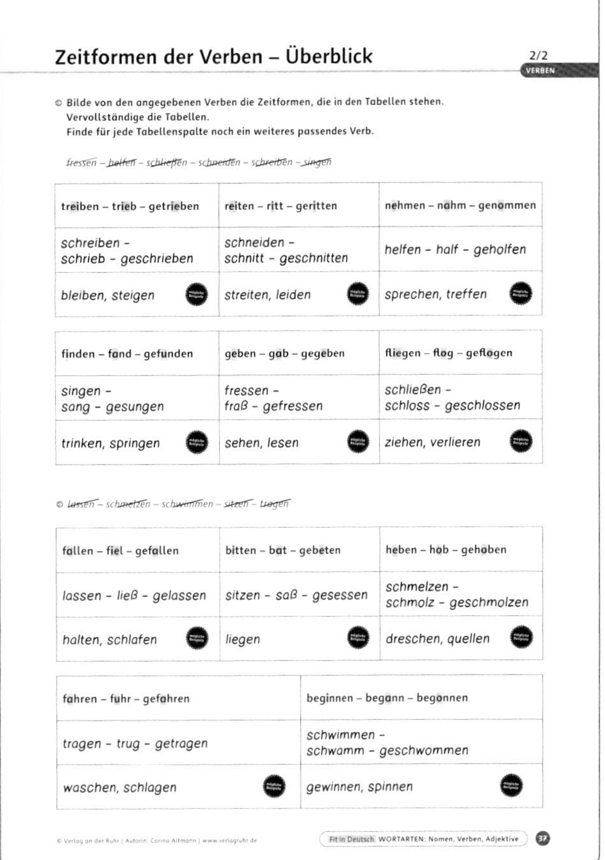

Zeitformen der Verben – Überblick

2/2 VERBEN

Bilde von den angegebenen Verben die Zeitformen, die in den Tabellen stehen. Vervollständige die Tabellen. Finde für jede Tabellenspalte noch ein weiteres passendes Verb.

~~fressen~~ – ~~helfen~~ – ~~schließen~~ – ~~schneiden~~ – ~~schreiben~~ – ~~singen~~

treiben – trieb – getrieben	reiten – ritt – geritten	nehmen – nahm – genommen
schreiben – schrieb – geschrieben	schneiden – schnitt – geschnitten	helfen – half – geholfen
bleiben, steigen	streiten, leiden	sprechen, treffen

finden – fand – gefunden	geben – gab – gegeben	fliegen – flog – geflogen
singen – sang – gesungen	fressen – fraß – gefressen	schließen – schloss – geschlossen
trinken, springen	sehen, lesen	ziehen, verlieren

~~lassen~~ – ~~schmelzen~~ – ~~schwimmen~~ – ~~sitzen~~ – ~~tragen~~

fallen – fiel – gefallen	bitten – bat – gebeten	heben – hob – gehoben
lassen – ließ – gelassen	sitzen – saß – gesessen	schmelzen – schmolz – geschmolzen
halten, schlafen	liegen	dreschen, quellen

fahren – fuhr – gefahren	beginnen – begann – begonnen
tragen – trug – getragen	schwimmen – schwamm – geschwommen
waschen, schlagen	gewinnen, spinnen

© Verlag an der Ruhr | Autorin: Corinna Altmann | www.verlagruhr.de Fit in Deutsch WORTARTEN: Nomen, Verben, Adjektive 37

Seite 38

Zeitformen der Verben – Präteritum

VERBEN

Lies das Märchen und setze die Verben in Klammern im Präteritum ein.

Der süße Brei

Es war (**sein**) einmal ein armes Mädchen, das mit seiner Mutter allein lebte (**leben**), und sie hatten (**haben**) nichts mehr zu essen. Da ging (**gehen**) das Kind hinaus in den Wald, wo ihm eine alte Frau begegnete (**begegnen**), die von seinem Hunger schon wusste (**wissen**). Sie schenkte (**schenken**) ihm ein Töpfchen, zu dem das Mädchen sagen sollte (**sollen**): „Töpfchen, koche!" So kochte (**kochen**) es guten, süßen Hirsebrei. Und wenn es sagte (**sagen**): „Töpfchen, steh!", so hörte es wieder auf (**aufhören**) zu kochen. Das Mädchen brachte den Topf seiner Mutter heim (**heimbringen**) und nun waren (**sein**) sie nicht mehr hungrig und aßen (**essen**) süßen Brei, sooft sie wollten (**wollen**).

Einmal war (**sein**) das Mädchen nicht zu Hause, als die Mutter Hunger bekam (**bekommen**) und sagte (**sagen**): „Töpfchen, koche!" Da kochte (**kochen**) es und die Mutter aß (**essen**) sich satt. Nun wollte (**wollen**) sie, dass das Töpfchen wieder aufhörte (**aufhören**), aber sie wusste (**wissen**) das Wort nicht mehr. Also kochte (**kochen**) das Töpfchen weiter und der Brei stieg über den Rand hinaus (**hinaussteigen**). So kochte (**kochen**) es weiter und weiter, die Küche und das ganze Haus voll und dann die Straße, als wollte (**wollen**) es die ganze Welt satt machen. Kein Mensch wusste (**wissen**) sich da zu helfen. Endlich, als nur noch ein einziges Haus übrig war (**sein**), kam (**kommen**) die Tochter nach Hause und sprach (**sprechen**) nur: „Töpfchen, steh!" Da stand (**stehen**) es endlich still – und wer wieder in die Stadt wollte (**wollen**), der musste (**müssen**) sich durchessen.

38 Fit in Deutsch WORTARTEN: Nomen, Verben, Adjektive © Verlag an der Ruhr | Autorin: Corinna Altmann | www.verlagruhr.de

Seite 39

Zeitformen der Verben – schwierige Vergangenheitsformen

VERBEN

Manche Verben haben 2 Vergangenheitsformen mit unterschiedlicher Bedeutung. Ergänze die beiden Formen und setze die richtige Präteritumform in die Sätze ein.

schaffen

schuf – geschaffen — Der Künstler schuf das Gemälde in nur drei Tagen.
schaffte – geschafft — Mila schaffte die Fahrprüfung gleich im ersten Anlauf.

hängen

hing – gehangen — Julian hängte das Fußballposter über sein Bett.
hängte – gehängt — Die Wäsche hing auf der Leine, bis sie trocken war.

wiegen

wog – gewogen — Das Weihnachtspäckchen von Oma wog zwei Kilo.
wiegte – gewiegt — Die Mutter wiegte das Kind auf dem Arm hin und her.

bewegen

bewog – bewogen — Was bewog die Autorin wohl dazu, diesen Roman zu schreiben?
bewegte – bewegt — Das Auto war festgefahren. Es bewegte sich weder vor noch zurück.

schleifen

schliff – geschliffen — Ich konnte das Paket nicht heben und schleifte es in die Wohnung.
schleifte – geschleift — Die Juweliere schliffen die Diamanten zu kostbaren Schmuckstücken.

erschrecken

erschrak – erschrocken — Die ganze Klasse erschrak von dem heftigen Donnergrollen.
erschreckte – erschreckt — Das heftige Donnergrollen erschreckte die ganze Klasse.

© Verlag an der Ruhr | Autorin: Corinna Altmann | www.verlagruhr.de Fit in Deutsch WORTARTEN: Nomen, Verben, Adjektive 39

Lösungen: **Verben**

Seite 40

Zeitformen der Verben – Perfekt

VERBEN

Lies den Bericht und unterstreiche alle Verben.
Was ist mit Toms Badehose passiert? Beende den Satz.

Tom und Lea planen einen Tag im Freibad. Eilig packen sie ihre Rucksäcke und fahren los. Am Eingang warten sie zehn Minuten und breiten dann endlich auf der Wiese ihre Handtücher aus. Tom stürmt sofort zum Sprungturm. Fasziniert beobachtet Lea, wie ihr Held nach oben steigt. Er klettert cool bis zum 5-Meter-Brett hoch. Dann nimmt Tom Anlauf und rennt los – Lea hält den Atem an. Und schon fliegt Tom durch die Luft! Mit dem Po zuerst verschwindet er im kühlen Nass – und taucht wieder auf.

Lea ist erleichtert. Als Tom aus dem Wasser steigt, hat er allerdings einen knallroten Kopf. Mit beiden Händen hält er seine Badehose fest und schleicht zum Handtuch.

Wie oberpeinlich vor Lea!

Seine Hose *ist gerissen*. (mögliches Beispiel)

Setze den Bericht nun von der Gegenwart (Präsens) in die Vergangenheit (Perfekt).

Tom und Lea *haben* einen Tag im Freibad *geplant*. Eilig *haben* sie ihre Rucksäcke *gepackt* und *sind* *losgefahren*. Am Eingang *haben* sie zehn Minuten *gewartet* und dann endlich auf der Wiese ihre Handtücher *ausgebreitet*. Tom *ist* sofort zum Sprungturm *gestürmt*. Fasziniert *hat* Lea *beobachtet*, wie ihr Held nach oben *gestiegen* *ist*. Er *ist* cool bis zum 5-Meter-Brett *hochgeklettert*. Dann *hat* Tom Anlauf *genommen* und *ist* *losgerannt* – Lea *hat* den Atem *angehalten*. Und schon *ist* Tom durch die Luft *geflogen*! Mit dem Po zuerst *ist* er im kühlen Nass *verschwunden* – und wieder *aufgetaucht*. Lea *ist* erleichtert *gewesen*. Als Tom aus dem Wasser *gestiegen* *ist*, *hat* er allerdings einen knallroten Kopf *gehabt*. Mit beiden Händen *hat* er seine Badehose *festgehalten* und *ist* zum Handtuch *geschlichen*. Wie oberpeinlich vor Lea! Seine Hose … *ist* *gerissen*.

40 Fit in Deutsch WORTARTEN: Nomen, Verben, Adjektive © Verlag an der Ruhr | Autorin: Corina Altmann | www.verlagruhr.de

Seite 41

Zeitformen der Verben – Plusquamperfekt

VERBEN

Ergänze die Sätze wie im Beispiel. Für die frühere Handlung benutzt du das Plusquamperfekt, für die spätere das Präteritum.

essen – machen
→ Nachdem Familie Petersen *gegessen hatte*, *machte* sie einen Spaziergang.

beenden – wechseln
→ Nachdem ich die Grundschule *beendet hatte*, *wechselte* ich auf eine neue Schule.

landen – beginnen
→ Als die Klasse in Paris *gelandet war*, *begann* es, zu regnen.

kommen – verlassen
→ Die Polizei *kam* erst, nachdem der Dieb das Haus *verlassen hatte*.

ausruhen – gehen
→ Wir *ruhten* uns *aus*, als unsere Verwandten nach Hause *gegangen waren*.

küssen – schauen
→ Ronja und Joshua *küssten* sich, nachdem sie sich lange in die Augen *geschaut hatten*.

Bilde Sätze wie im Beispiel. Für die frühere Handlung benutzt du das Plusquamperfekt, für die spätere das Präteritum. Unterstreiche die beiden Verbformen.

unser Kater – eine Weile abwarten – auf den Esstisch springen
Nachdem unser Kater eine Weile abgewartet hatte, sprang er auf den Esstisch.

die Polizistin – seinen Führerschein kontrollieren – der Lkw-Fahrer – weiterfahren können
Der Lkw-Fahrer konnte weiterfahren, als *die Polizistin seinen Führerschein kontrolliert hatte.*

der Prinz – die Prinzessin befreien – sie heiraten dürfen
Als *der Prinz die Prinzessin befreit hatte, durfte er sie heiraten.*

ich – Licht ausschalten – sofort einschlafen
Ich schlief sofort ein, nachdem *ich das Licht ausgeschaltet hatte.*

meine Schwester – vom Shopping zurückkehren – mir ihre Ausbeute zeigen
Als *meine Schwester vom Shopping zurückgekehrt war, zeigte sie mir ihre Ausbeute.*

© Verlag an der Ruhr | Autorin: Corina Altmann | www.verlagruhr.de Fit in Deutsch WORTARTEN: Nomen, Verben, Adjektive 41

Seite 42

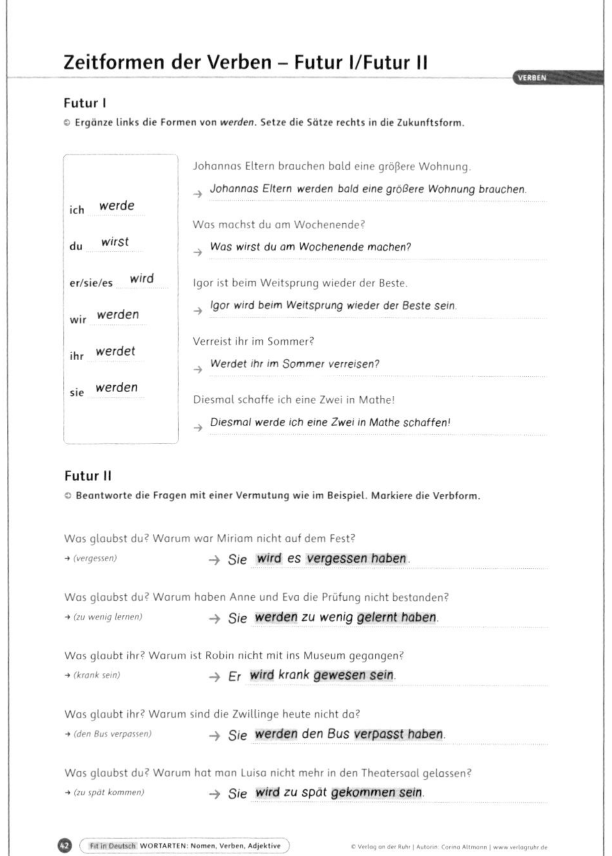

Zeitformen der Verben – Futur I/Futur II

VERBEN

Futur I

Ergänze links die Formen von *werden*. Setze die Sätze rechts in die Zukunftsform.

ich *werde*	Johannas Eltern brauchen bald eine größere Wohnung. → *Johannas Eltern werden bald eine größere Wohnung brauchen.*
du *wirst*	Was machst du am Wochenende? → *Was wirst du am Wochenende machen?*
er/sie/es *wird*	Igor ist beim Weitsprung wieder der Beste. → *Igor wird beim Weitsprung wieder der Beste sein.*
wir *werden*	Verreist ihr im Sommer? → *Werdet ihr im Sommer verreisen?*
ihr *werdet*	Diesmal schaffe ich eine Zwei in Mathe! → *Diesmal werde ich eine Zwei in Mathe schaffen!*
sie *werden*	

Futur II

Beantworte die Fragen mit einer Vermutung wie im Beispiel. Markiere die Verbform.

Was glaubst du? Warum war Miriam nicht auf dem Fest?
→ (vergessen) → Sie wird es vergessen haben.

Was glaubst du? Warum haben Anne und Eva die Prüfung nicht bestanden?
→ (zu wenig lernen) → *Sie werden zu wenig gelernt haben.*

Was glaubt ihr? Warum ist Robin nicht mit ins Museum gegangen?
→ (krank sein) → *Er wird krank gewesen sein.*

Was glaubt ihr? Warum sind die Zwillinge heute nicht da?
→ (den Bus verpassen) → *Sie werden den Bus verpasst haben.*

Was glaubst du? Warum hat man Luisa nicht mehr in den Theatersaal gelassen?
→ (zu spät kommen) → *Sie wird zu spät gekommen sein.*

42 Fit in Deutsch WORTARTEN: Nomen, Verben, Adjektive © Verlag an der Ruhr | Autorin: Corina Altmann | www.verlagruhr.de

Seite 43

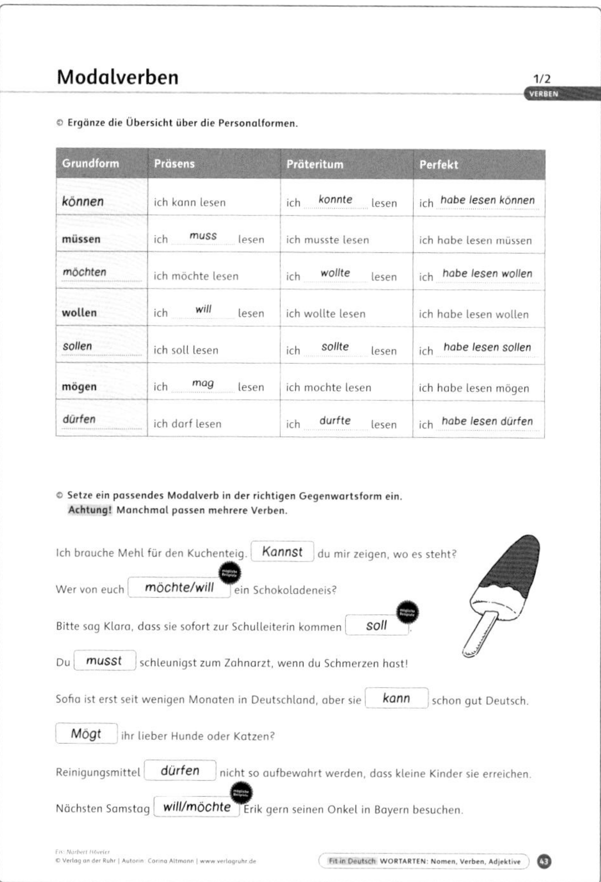

Modalverben

1/2 VERBEN

Ergänze die Übersicht über die Personalformen.

Grundform	Präsens	Präteritum	Perfekt
können	ich kann lesen	ich *konnte* lesen	ich *habe lesen können*
müssen	ich *muss* lesen	ich musste lesen	ich habe lesen müssen
möchten	ich möchte lesen	ich *wollte* lesen	ich *habe lesen wollen*
wollen	ich *will* lesen	ich wollte lesen	ich habe lesen wollen
sollen	ich soll lesen	ich *sollte* lesen	ich *habe lesen sollen*
mögen	ich *mag* lesen	ich mochte lesen	ich habe lesen mögen
dürfen	ich darf lesen	ich *durfte* lesen	ich *habe lesen dürfen*

Setze ein passendes Modalverb in der richtigen Gegenwartsform ein. **Achtung!** Manchmal passen mehrere Verben.

Ich brauche Mehl für den Kuchenteig. *Kannst* du mir zeigen, wo es steht?

Wer von euch *möchte/will* ein Schokoladeneis? (mögliches Beispiel)

Bitte sag Klara, dass sie sofort zur Schulleiterin kommen *soll*. (mögliches Beispiel)

Du *musst* schleunigst zum Zahnarzt, wenn du Schmerzen hast!

Sofia ist erst seit wenigen Monaten in Deutschland, aber sie *kann* schon gut Deutsch.

Mögt ihr lieber Hunde oder Katzen?

Reinigungsmittel *dürfen* nicht so aufbewahrt werden, dass kleine Kinder sie erreichen.

Nächsten Samstag *will/möchte* Erik gern seinen Onkel in Bayern besuchen. (mögliches Beispiel)

© Verlag an der Ruhr | Autorin: Corina Altmann | www.verlagruhr.de Fit in Deutsch WORTARTEN: Nomen, Verben, Adjektive 43

Lösungen: **Verben**

Seite 44

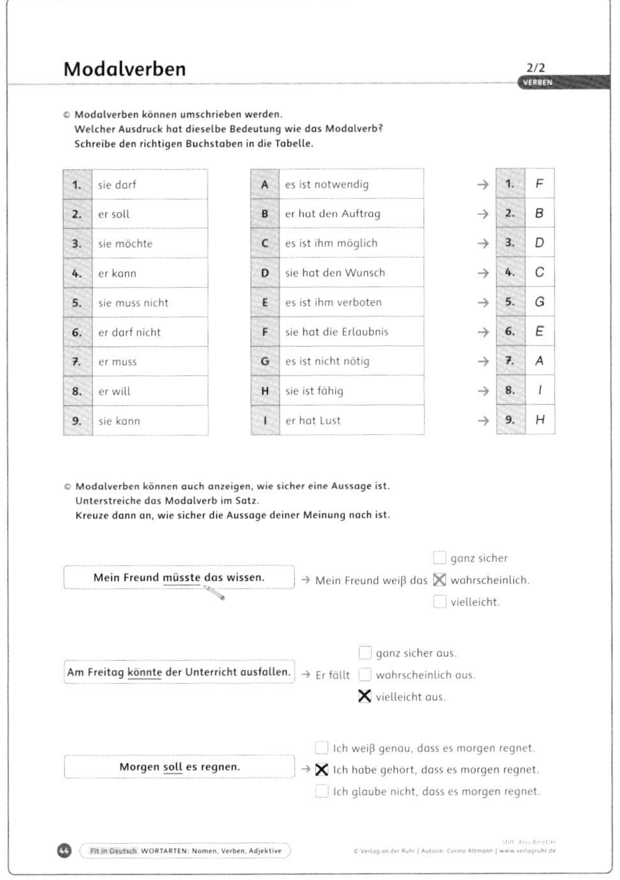

Modalverben

2/2 VERBEN

Modalverben können umschrieben werden.
Welcher Ausdruck hat dieselbe Bedeutung wie das Modalverb?
Schreibe den richtigen Buchstaben in die Tabelle.

1.	sie darf	A	es ist notwendig	→	1.	F
2.	er soll	B	er hat den Auftrag	→	2.	B
3.	sie möchte	C	es ist ihm möglich	→	3.	D
4.	er kann	D	sie hat den Wunsch	→	4.	C
5.	sie muss nicht	E	es ist ihm verboten	→	5.	G
6.	er darf nicht	F	sie hat die Erlaubnis	→	6.	E
7.	er muss	G	es ist nicht nötig	→	7.	A
8.	er will	H	sie ist fähig	→	8.	I
9.	sie kann	I	er hat Lust	→	9.	H

Modalverben können auch anzeigen, wie sicher eine Aussage ist.
Unterstreiche das Modalverb im Satz.
Kreuze dann an, wie sicher die Aussage deiner Meinung nach ist.

Mein Freund müsste das wissen. → Mein Freund weiß das
- [ ] ganz sicher
- [x] wahrscheinlich.
- [ ] vielleicht.

Am Freitag könnte der Unterricht ausfallen. → Er fällt
- [ ] ganz sicher aus.
- [ ] wahrscheinlich aus.
- [x] vielleicht aus.

Morgen soll es regnen. →
- [ ] Ich weiß genau, dass es morgen regnet.
- [x] Ich habe gehört, dass es morgen regnet.
- [ ] Ich glaube nicht, dass es morgen regnet.

44 Fit in Deutsch WORTARTEN: Nomen, Verben, Adjektive © Verlag an der Ruhr | Autorin: Corinna Altmann | www.verlagruhr.de

Seite 45

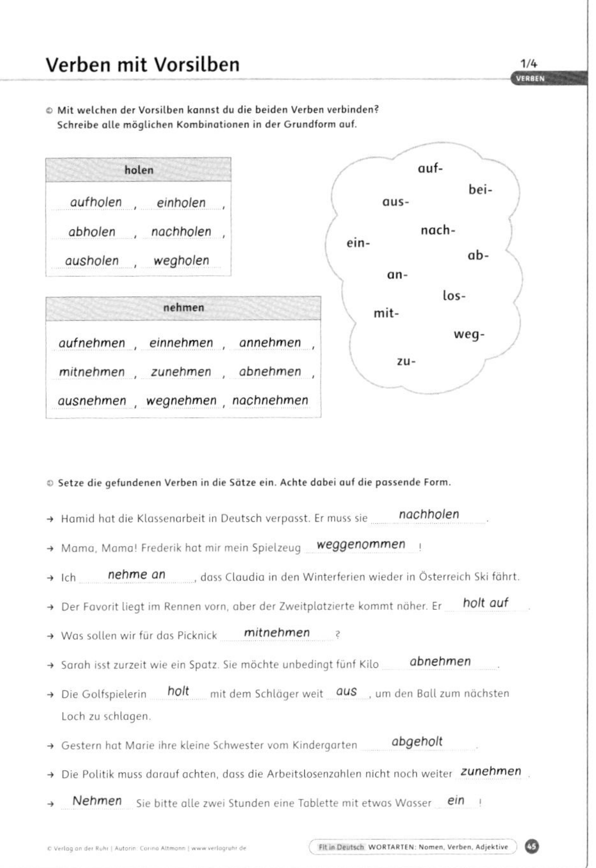

Verben mit Vorsilben

1/4 VERBEN

Mit welchen der Vorsilben kannst du die beiden Verben verbinden?
Schreibe alle möglichen Kombinationen in der Grundform auf.

holen

aufholen, einholen,
abholen, nachholen,
ausholen, wegholen

nehmen

aufnehmen, einnehmen, annehmen,
mitnehmen, zunehmen, abnehmen,
ausnehmen, wegnehmen, nachnehmen

Setze die gefundenen Verben in die Sätze ein. Achte dabei auf die passende Form.

- Hamid hat die Klassenarbeit in Deutsch verpasst. Er muss sie *nachholen*.
- Mama, Mama! Frederik hat mir mein Spielzeug *weggenommen*!
- Ich *nehme an*, dass Claudia in den Winterferien wieder in Österreich Ski fährt.
- Der Favorit liegt im Rennen vorn, aber der Zweitplatzierte kommt näher. Er *holt auf*.
- Was sollen wir für das Picknick *mitnehmen*?
- Sarah isst zurzeit wie ein Spatz. Sie möchte unbedingt fünf Kilo *abnehmen*.
- Die Golfspielerin *holt* mit dem Schläger weit *aus*, um den Ball zum nächsten Loch zu schlagen.
- Gestern hat Marie ihre kleine Schwester vom Kindergarten *abgeholt*.
- Die Politik muss darauf achten, dass die Arbeitslosenzahlen nicht noch weiter *zunehmen*.
- *Nehmen* Sie bitte alle zwei Stunden eine Tablette mit etwas Wasser *ein*!

© Verlag an der Ruhr | Autorin: Corinna Altmann | www.verlagruhr.de Fit in Deutsch WORTARTEN: Nomen, Verben, Adjektive 45

Seite 46

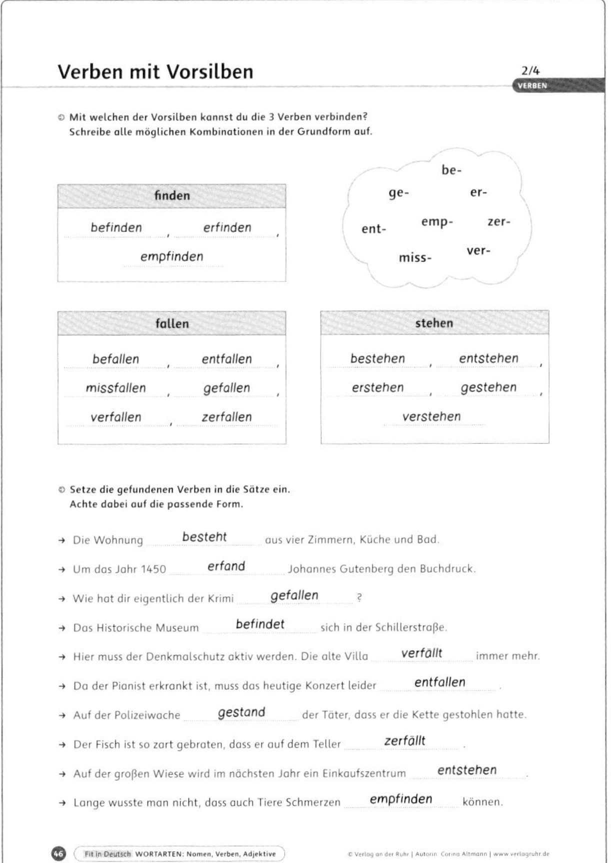

Verben mit Vorsilben

2/4 VERBEN

Mit welchen der Vorsilben kannst du die 3 Verben verbinden?
Schreibe alle möglichen Kombinationen in der Grundform auf.

finden

befinden, erfinden,
empfinden

fallen

befallen, entfallen,
missfallen, gefallen,
verfallen, zerfallen

stehen

bestehen, entstehen,
erstehen, gestehen,
verstehen

Setze die gefundenen Verben in die Sätze ein.
Achte dabei auf die passende Form.

- Die Wohnung *besteht* aus vier Zimmern, Küche und Bad.
- Um das Jahr 1450 *erfand* Johannes Gutenberg den Buchdruck.
- Wie hat dir eigentlich der Krimi *gefallen*?
- Das Historische Museum *befindet* sich in der Schillerstraße.
- Hier muss der Denkmalschutz aktiv werden. Die alte Villa *verfällt* immer mehr.
- Da der Pianist erkrankt ist, muss das heutige Konzert leider *entfallen*.
- Auf der Polizeiwache *gestand* der Täter, dass er die Kette gestohlen hatte.
- Der Fisch ist so zart gebraten, dass er auf dem Teller *zerfällt*.
- Auf der großen Wiese wird im nächsten Jahr ein Einkaufszentrum *entstehen*.
- Lange wusste man nicht, dass auch Tiere Schmerzen *empfinden* können.

46 Fit in Deutsch WORTARTEN: Nomen, Verben, Adjektive © Verlag an der Ruhr | Autorin: Corinna Altmann | www.verlagruhr.de

Seite 47

Verben mit Vorsilben

3/4 VERBEN

Welche Vorsilbe passt in die Lücken?

be- • emp- • ent- • er- • miss- • ver- • zer-

etwas durcheinandermischen	→	etwas *ver* mischen
etwas kaputt brechen	→	etwas *zer* brechen
auf eine Frage antworten	→	eine Frage *be* antworten
aus einer Orange Saft herauspressen	→	die Orange *ent* saften
passieren, geschehen	→	sich *er* eignen
ein Buch vorschlagen	→	ein Buch *emp* fehlen
etwas nicht beachten	→	etwas *miss* achten

Bilde aus den Adjektiven mithilfe der Vorsilben Verben.

be- er- ver-

besser machen	=	*verbessern*			
neu machen	=	*erneuern*	stark machen	=	*verstärken*
reicher machen	=	*bereichern*	leichter machen	=	*erleichtern*
schöner machen	=	*verschönern*	kurz machen	=	*verkürzen*
schneller machen	=	*beschleunigen*	arm werden	=	*verarmen*

Alles falsch und kaputt! Finde weitere Verben mit diesen Bedeutungen.

sich ver- = „falsch": *sich verrechnen, sich verlaufen, sich verfahren, sich verschreiben, sich verspielen, sich vertun, sich vertippen, sich verwählen*

zer- = „kaputt": *zerkauen, zerbrechen, zerkleinern, zerstören, zertrümmern, zerfallen, zerdrücken, zerhacken, zerplatzen*

© Verlag an der Ruhr | Autorin: Corinna Altmann | www.verlagruhr.de Fit in Deutsch WORTARTEN: Nomen, Verben, Adjektive 47

Lösungen: **Verben**

Seite 48

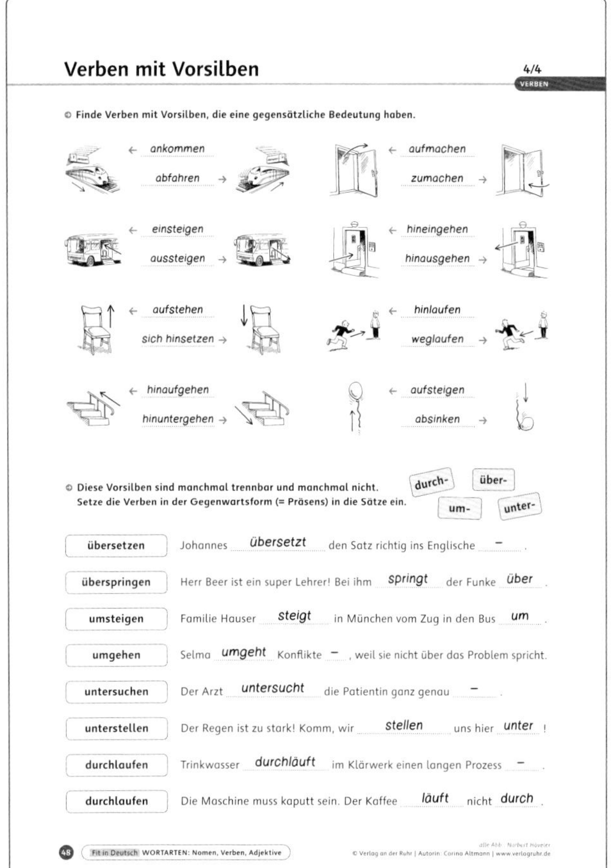

Verben mit Vorsilben

4/4 VERBEN

Finde Verben mit Vorsilben, die eine gegensätzliche Bedeutung haben.

← ankommen
abfahren →

← aufmachen
zumachen →

← einsteigen
aussteigen →

← hineingehen
hinausgehen →

← aufstehen
sich hinsetzen →

← hinlaufen
weglaufen →

← hinaufgehen
hinuntergehen →

← aufsteigen
absinken →

Diese Vorsilben sind manchmal trennbar und manchmal nicht.
Setze die Verben in der Gegenwartsform (= Präsens) in die Sätze ein.

durch- über- um- unter-

übersetzen	Johannes übersetzt den Satz richtig ins Englische – .
überspringen	Herr Beer ist ein super Lehrer! Bei ihm springt der Funke über .
umsteigen	Familie Hauser steigt in München vom Zug in den Bus um .
umgehen	Selma umgeht Konflikte – , weil sie nicht über das Problem spricht.
untersuchen	Der Arzt untersucht die Patientin ganz genau – .
unterstellen	Der Regen ist zu stark! Komm, wir stellen uns hier unter !
durchlaufen	Trinkwasser durchläuft im Klärwerk einen langen Prozess – .
durchlaufen	Die Maschine muss kaputt sein. Der Kaffee läuft nicht durch .

48 Fit in Deutsch WORTARTEN: Nomen, Verben, Adjektive © Verlag an der Ruhr | Autorin: Corina Altmann | www.verlagruhr.de

Seite 49

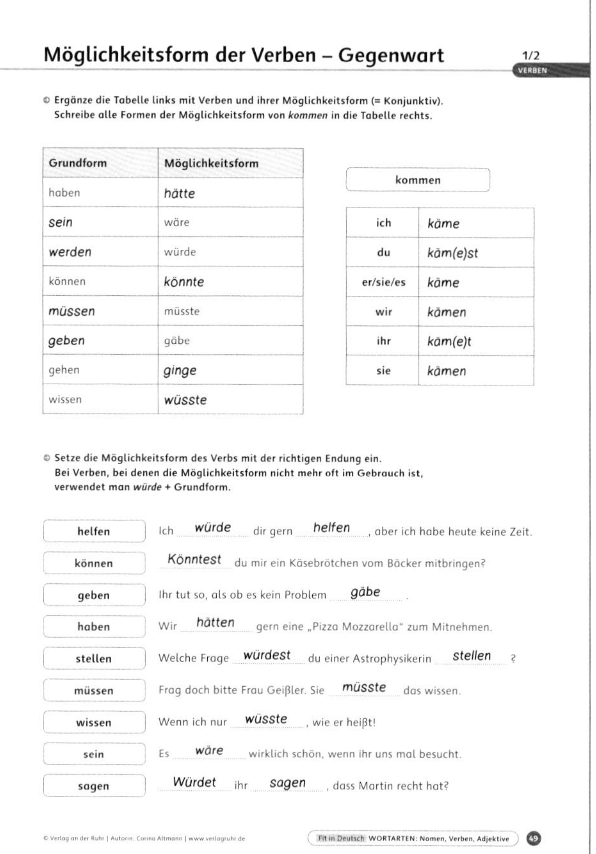

Möglichkeitsform der Verben – Gegenwart

1/2 VERBEN

Ergänze die Tabelle links mit Verben und ihrer Möglichkeitsform (= Konjunktiv).
Schreibe alle Formen der Möglichkeitsform von *kommen* in die Tabelle rechts.

Grundform	Möglichkeitsform
haben	hätte
sein	wäre
werden	würde
können	könnte
müssen	müsste
geben	gäbe
gehen	ginge
wissen	wüsste

kommen	
ich	käme
du	käm(e)st
er/sie/es	käme
wir	kämen
ihr	käm(e)t
sie	kämen

Setze die Möglichkeitsform des Verbs mit der richtigen Endung ein.
Bei Verben, bei denen die Möglichkeitsform nicht mehr oft im Gebrauch ist, verwendet man *würde* + Grundform.

helfen	Ich würde dir gern helfen , aber ich habe heute keine Zeit.
können	Könntest du mir ein Käsebrötchen vom Bäcker mitbringen?
geben	Ihr tut so, als ob es kein Problem gäbe .
haben	Wir hätten gern eine „Pizza Mozzarella" zum Mitnehmen.
stellen	Welche Frage würdest du einer Astrophysikerin stellen ?
müssen	Frag doch bitte Frau Geißler. Sie müsste das wissen.
wissen	Wenn ich nur wüsste , wie er heißt!
sein	Es wäre wirklich schön, wenn ihr uns mal besucht.
sagen	Würdet ihr sagen , dass Martin recht hat?

© Verlag an der Ruhr | Autorin: Corina Altmann | www.verlagruhr.de Fit in Deutsch WORTARTEN: Nomen, Verben, Adjektive 49

Seite 50

Möglichkeitsform der Verben – Gegenwart

2/2 VERBEN

Ergänze die Sätze.
Finde passende Formulierungen mit der Möglichkeitsform der Verben.

mögliche Beispiele

- Wenn ich reich wäre, würde ich mir ein teures Rennpferd halten.
- Wenn wir einen Hund hätten, müssten wir bei Wind und Wetter mit ihm Gassi gehen.
- Wenn ich Fußballprofi wäre, würden mir alle Fans zujubeln.
- Wenn meine Familie in den USA wohnen würde, hätte ich in Englisch wohl eine Eins.
- Wenn unsere Familie eine Million Euro im Lotto gewinnen würde, könnte sie sich eine schicke Villa leisten.
- Wenn es in unserem Kühlschrank spuken würde, würde ich ihn niemals mehr öffnen.
- Wenn unsere nächste Klassenfahrt nach Afrika ginge, könnten wir Elefanten mal in freier Wildbahn beobachten.
- Wenn ich einen Tag mit meiner Lieblingsband verbringen könnte, würde ich ständig Fotos posten.

Was könnten sich die Personen in diesen Situationen wünschen?
Formuliere einen Wunsch mit *Wenn … doch nur …!* wie im Beispiel.

mögliche Beispiele

- Seit einer halben Stunde wartet die Klasse auf den Bus. Es ist kalt und regnerisch.
  Wenn der Bus doch nur endlich käme/kommen würde!
- Die Dorfstraße ist nachts schlecht beleuchtet. Man kann den Weg kaum sehen.
  Wenn es hier doch nur heller wäre!
- Die Klassenarbeit ist schon morgen und du hast keine Zeit mehr, dich gut vorzubereiten.
  Wenn ich doch nur mehr Zeit hätte!
- Uta sitzt im Zug und möchte endlich los. Sie hat Sorge, den Anschlusszug zu verpassen.
  Wenn der Zug doch nur endlich losfahren würde!
- Dein Freund antwortet immer sehr langsam auf deine Nachrichten. Das nervt!
  Wenn er doch nur schneller antworten würde!

50 Fit in Deutsch WORTARTEN: Nomen, Verben, Adjektive © Verlag an der Ruhr | Autorin: Corina Altmann | www.verlagruhr.de

Seite 51

Möglichkeitsform der Verben – Vergangenheit

VERBEN

Ergänze die Sätze mit der Möglichkeitsform in der Vergangenheit.
Was wäre gewesen, wenn …? Was hätte Bastian getan?

Bastian berichtet über seine Sommerferien:

„Meine Ferien waren ganz schrecklich! Meine Eltern haben mich zu Verwandten geschickt!"
- Wenn sie ihn nicht zu Verwandten geschickt hätten , wären seine Ferien besser gewesen

„Sie leben in einem kleinen Dorf. Dort gab es nicht mal ein Schwimmbad!"
- Wenn es dort ein Schwimmbad gegeben hätte , hätte er jeden Tag gebadet

„Die Verwandten waren immer schlecht gelaunt!"
- Wenn sie nicht immer schlecht gelaunt gewesen wären , hätte er viel Spaß gehabt

„Ich saß fest. Für den Bus in die Stadt hatte ich nämlich nicht genug Geld mit."
- Wenn Bastian genug Geld mitgehabt hätte , wäre er mit dem Bus in die Stadt gefahren

Familie Lässig fliegt in Urlaub, hat aber leider einiges vergessen.
Nun ist es zu spät – das Taxi zum Flughafen wartet schon.
Was könnte sich die Familie in dieser Situation wünschen?
Formuliere einen Wunsch mit *Wenn … doch nur …!* wie im Beispiel.

- Wir haben der Nachbarin nicht den Schlüssel gebracht!
  Wenn wir der Nachbarin doch nur den Schlüssel gebracht hätten!
- Papa hat keine Brote geschmiert!
  Wenn Papa doch nur Brote geschmiert hätte!
- Wir waren vorher nicht noch mal beim Friseur!
  Wenn wir doch nur vorher noch mal beim Friseur gewesen wären!
- Mama hat die Badesachen nicht eingepackt!
  Wenn Mama doch nur die Badesachen eingepackt hätte!
- Wir waren in den letzten Tagen einfach total aufgeregt!
  Wenn wir in den letzten Tagen doch nur nicht so aufgeregt gewesen wären!

© Verlag an der Ruhr | Autorin: Corina Altmann | www.verlagruhr.de Fit in Deutsch WORTARTEN: Nomen, Verben, Adjektive 51

Lösungen: **Verben**

Seite 52

Befehlsform der Verben

VERBEN

Formuliere Aufforderungen in der Befehlsform (= Imperativ).
Achtung! Die Befehlsform unterscheidet sich danach, wer angesprochen wird: du, ihr, Sie.

öffnen	Lisa und Ying, bitte *öffnet* eure Bücher!
kommen	Frau Groß, *kommen Sie* bitte mal?
nehmen	Rebekka, *nimm* dir für die Aufgabe ruhig die Zeit, die du brauchst.
stellen	Rike, Juri, *stellt* bitte das schmutzige Geschirr erst mal in die Spüle.
fahren	Polizeikontrolle! *Fahren Sie* bitte rechts ran!
sein, geben	*Seien Sie* so nett und *geben Sie* mir den Senf, Herr Hoff!
gehen	*Geh(e)* ja nicht so nah am Abgrund entlang, Jana!

Wie bereitet man Fruchtkefir zu?
Formuliere Anweisungen in der du-Form wie im Beispiel.

ca. 300 g Beerenobst, z. B. Himbeeren, Erdbeeren, Heidelbeeren, waschen
Wasche ca. 300 g Beerenobst, z. B. Himbeeren, Erdbeeren, Heidelbeeren!

Stiele der Beeren sorgfältig entfernen
Entferne die Stiele der Beeren sorgfältig!

in den Standmixer werfen
Wirf die Beeren in den Standmixer!

Masse mit 500 ml Kefir auffüllen
Fülle die Masse mit 500 ml Kefir auf!

alles noch einmal gut durchmixen
Mixe alles noch einmal gut durch!

in vorbereitete Gläser gießen und sich gut gekühlt schmecken lassen
Gieße das Getränk in vorbereitete Gläser und lasse es dir gut gekühlt schmecken!

52 Fit in Deutsch WORTARTEN: Nomen, Verben, Adjektive
© Verlag an der Ruhr | Autorin: Corinna Altmann | www.verlagruhr.de

Seite 53

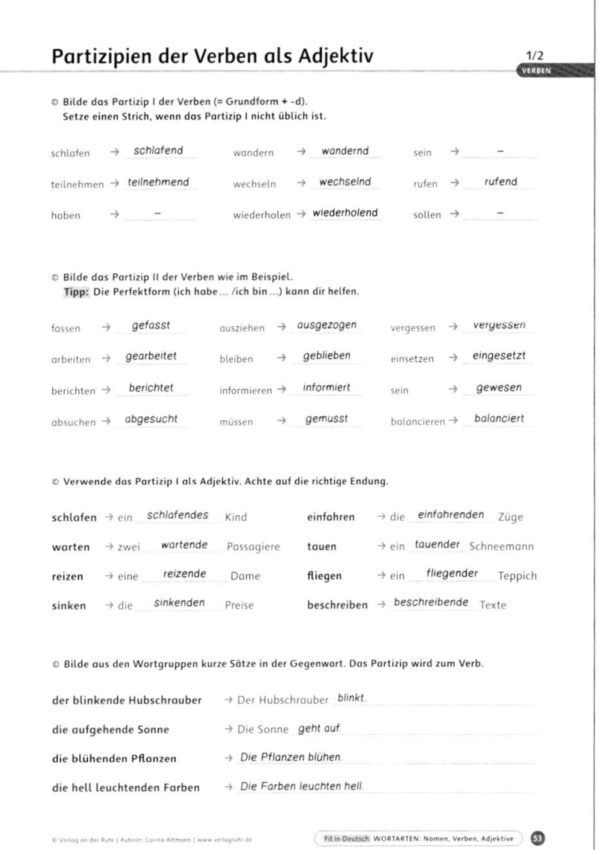

Partizipien der Verben als Adjektiv

1/2
VERBEN

Bilde das Partizip I der Verben (= Grundform + -d).
Setze einen Strich, wenn das Partizip I nicht üblich ist.

schlafen → *schlafend*	wandern → *wandernd*	sein → *–*
teilnehmen → *teilnehmend*	wechseln → *wechselnd*	rufen → *rufend*
haben → *–*	wiederholen → *wiederholend*	sollen → *–*

Bilde das Partizip II der Verben wie im Beispiel.
Tipp: Die Perfektform (ich habe ... /ich bin ...) kann dir helfen.

fassen → *gefasst*	ausziehen → *ausgezogen*	vergessen → *vergessen*
arbeiten → *gearbeitet*	bleiben → *geblieben*	einsetzen → *eingesetzt*
berichten → *berichtet*	informieren → *informiert*	sein → *gewesen*
absuchen → *abgesucht*	müssen → *gemusst*	balancieren → *balanciert*

Verwende das Partizip I als Adjektiv. Achte auf die richtige Endung.

schlafen → ein *schlafendes* Kind	**einfahren** → die *einfahrenden* Züge
warten → zwei *wartende* Passagiere	**tauen** → ein *tauender* Schneemann
reizen → eine *reizende* Dame	**fliegen** → ein *fliegender* Teppich
sinken → die *sinkenden* Preise	**beschreiben** → *beschreibende* Texte

Bilde aus den Wortgruppen kurze Sätze in der Gegenwart. Das Partizip wird zum Verb.

der blinkende Hubschrauber → Der Hubschrauber *blinkt.*
die aufgehende Sonne → Die Sonne *geht auf.*
die blühenden Pflanzen → *Die Pflanzen blühen.*
die hell leuchtenden Farben → *Die Farben leuchten hell.*

© Verlag an der Ruhr | Autorin: Corinna Altmann | www.verlagruhr.de
Fit in Deutsch WORTARTEN: Nomen, Verben, Adjektive 53

Seite 54

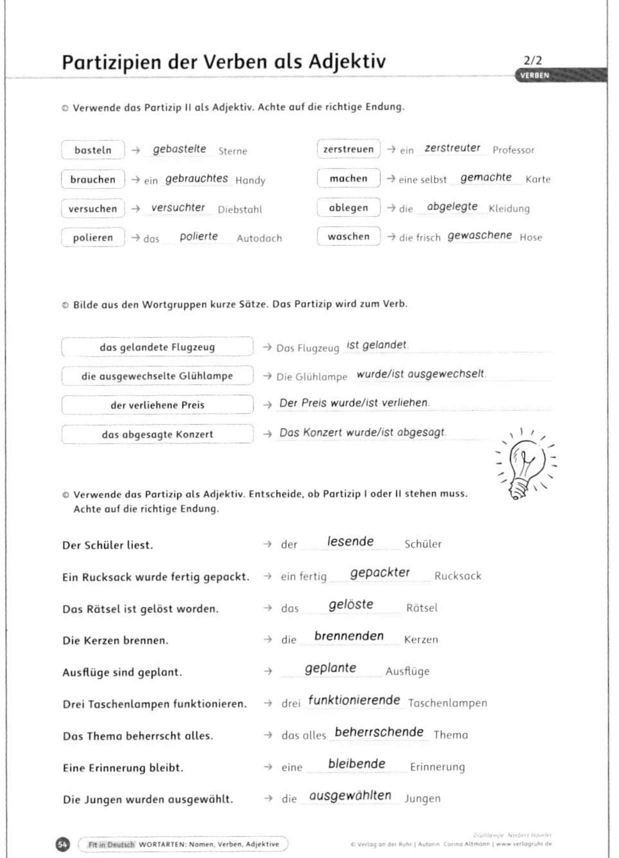

Partizipien der Verben als Adjektiv

2/2
VERBEN

Verwende das Partizip II als Adjektiv. Achte auf die richtige Endung.

basteln → *gebastelte* Sterne	zerstreuen → ein *zerstreuter* Professor
brauchen → ein *gebrauchtes* Handy	machen → eine selbst *gemachte* Karte
versuchen → *versuchter* Diebstahl	ablegen → die *abgelegte* Kleidung
polieren → das *polierte* Autodach	waschen → die frisch *gewaschene* Hose

Bilde aus den Wortgruppen kurze Sätze. Das Partizip wird zum Verb.

das gelandete Flugzeug → Das Flugzeug *ist gelandet.*
die ausgewechselte Glühlampe → Die Glühlampe *wurde/ist ausgewechselt.*
der verliehene Preis → *Der Preis wurde/ist verliehen.*
das abgesagte Konzert → *Das Konzert wurde/ist abgesagt.*

Verwende das Partizip als Adjektiv. Entscheide, ob Partizip I oder II stehen muss.
Achte auf die richtige Endung.

Der Schüler liest.	→ der *lesende* Schüler
Ein Rucksack wurde fertig gepackt.	→ ein fertig *gepackter* Rucksack
Das Rätsel ist gelöst worden.	→ das *gelöste* Rätsel
Die Kerzen brennen.	→ die *brennenden* Kerzen
Ausflüge sind geplant.	→ *geplante* Ausflüge
Drei Taschenlampen funktionieren.	→ drei *funktionierende* Taschenlampen
Das Thema beherrscht alles.	→ das alles *beherrschende* Thema
Eine Erinnerung bleibt.	→ eine *bleibende* Erinnerung
Die Jungen wurden ausgewählt.	→ die *ausgewählten* Jungen

54 Fit in Deutsch WORTARTEN: Nomen, Verben, Adjektive
© Verlag an der Ruhr | Autorin: Corinna Altmann | www.verlagruhr.de

Seite 55

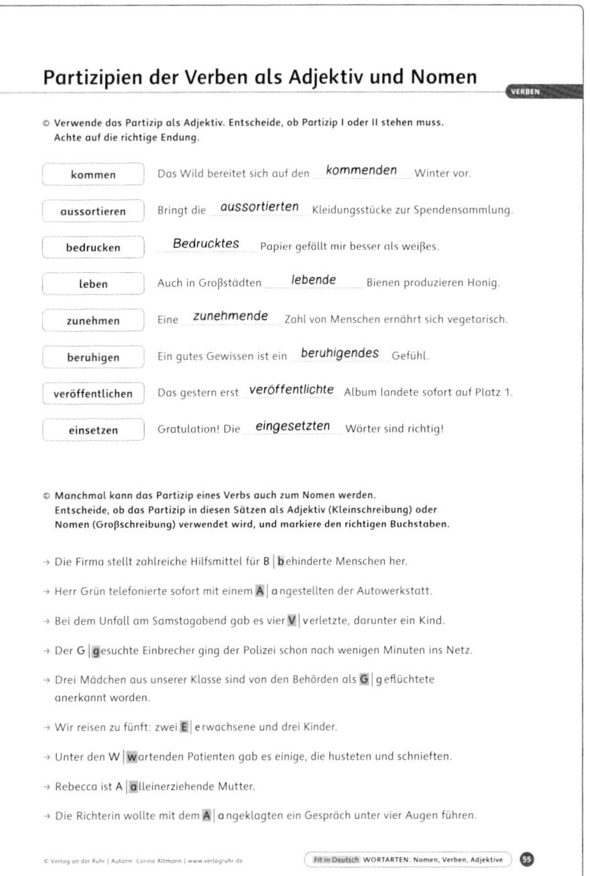

Partizipien der Verben als Adjektiv und Nomen

VERBEN

Verwende das Partizip als Adjektiv. Entscheide, ob Partizip I oder II stehen muss.
Achte auf die richtige Endung.

kommen	Das Wild bereitet sich auf den *kommenden* Winter vor.
aussortieren	Bringt die *aussortierten* Kleidungsstücke zur Spendensammlung.
bedrucken	*Bedrucktes* Papier gefällt mir besser als weißes.
leben	Auch in Großstädten *lebende* Bienen produzieren Honig.
zunehmen	Eine *zunehmende* Zahl von Menschen ernährt sich vegetarisch.
beruhigen	Ein gutes Gewissen ist ein *beruhigendes* Gefühl.
veröffentlichen	Das gestern erst *veröffentlichte* Album landete sofort auf Platz 1.
einsetzen	Gratulation! Die *eingesetzten* Wörter sind richtig!

Manchmal kann das Partizip eines Verbs auch zum Nomen werden.
Entscheide, ob das Partizip in diesen Sätzen als Adjektiv (Kleinschreibung) oder Nomen (Großschreibung) verwendet wird, und markiere den richtigen Buchstaben.

- Die Firma stellt zahlreiche Hilfsmittel für B | **b**ehinderte Menschen her.
- Herr Grün telefonierte sofort mit einem **A** | angestellten der Autowerkstatt.
- Bei dem Unfall am Samstagabend gab es vier **V** | verletzte, darunter ein Kind.
- Der G | **g**esuchte Einbrecher ging der Polizei schon nach wenigen Minuten ins Netz.
- Drei Mädchen aus unserer Klasse sind von den Behörden als **G** | geflüchtete anerkannt worden.
- Wir reisen zu fünft: zwei **E** | erwachsene und drei Kinder.
- Unter den W | **w**artenden Patienten gab es einige, die husteten und schnieften.
- Rebecca ist A | **a**lleinerziehende Mutter.
- Die Richterin wollte mit dem **A** | angeklagten ein Gespräch unter vier Augen führen.

© Verlag an der Ruhr | Autorin: Corinna Altmann | www.verlagruhr.de
Fit in Deutsch WORTARTEN: Nomen, Verben, Adjektive 55

Lösungen: **Verben**

Seite 56

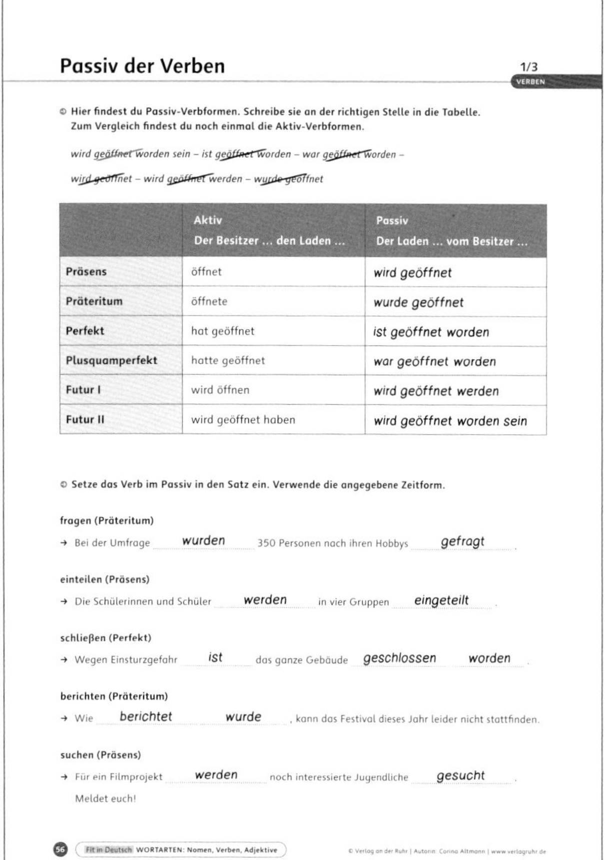

Passiv der Verben

1/3 VERBEN

Hier findest du Passiv-Verbformen. Schreibe sie an der richtigen Stelle in die Tabelle. Zum Vergleich findest du noch einmal die Aktiv-Verbformen.

wird geöffnet worden sein – ist geöffnet worden – war geöffnet worden – wird geöffnet – wird geöffnet werden – wurde geöffnet

	Aktiv Der Besitzer … den Laden …	Passiv Der Laden … vom Besitzer …
Präsens	öffnet	wird geöffnet
Präteritum	öffnete	wurde geöffnet
Perfekt	hat geöffnet	ist geöffnet worden
Plusquamperfekt	hatte geöffnet	war geöffnet worden
Futur I	wird öffnen	wird geöffnet werden
Futur II	wird geöffnet haben	wird geöffnet worden sein

Setze das Verb im Passiv in den Satz ein. Verwende die angegebene Zeitform.

fragen (Präteritum)
→ Bei der Umfrage wurden 350 Personen nach ihren Hobbys gefragt.

einteilen (Präsens)
→ Die Schülerinnen und Schüler werden in vier Gruppen eingeteilt.

schließen (Perfekt)
→ Wegen Einsturzgefahr ist das ganze Gebäude geschlossen worden.

berichten (Präteritum)
→ Wie berichtet wurde, kann das Festival dieses Jahr leider nicht stattfinden.

suchen (Präsens)
→ Für ein Filmprojekt werden noch interessierte Jugendliche gesucht. Meldet euch!

56 Fit in Deutsch WORTARTEN: Nomen, Verben, Adjektive © Verlag an der Ruhr | Autorin: Corinna Altmann | www.verlagruhr.de

Seite 57

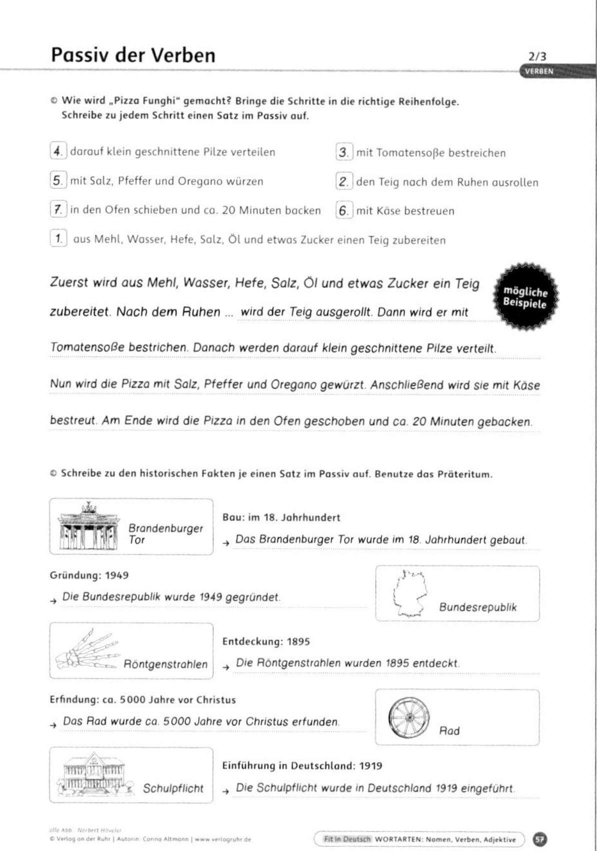

Passiv der Verben

2/3 VERBEN

Wie wird „Pizza Funghi" gemacht? Bringe die Schritte in die richtige Reihenfolge. Schreibe zu jedem Schritt einen Satz im Passiv auf.

4. darauf klein geschnittene Pilze verteilen
3. mit Tomatensoße bestreichen
5. mit Salz, Pfeffer und Oregano würzen
2. den Teig nach dem Ruhen ausrollen
7. in den Ofen schieben und ca. 20 Minuten backen
6. mit Käse bestreuen
1. aus Mehl, Wasser, Hefe, Salz, Öl und etwas Zucker einen Teig zubereiten

mögliche Beispiele

Zuerst wird aus Mehl, Wasser, Hefe, Salz, Öl und etwas Zucker ein Teig zubereitet. Nach dem Ruhen … wird der Teig ausgerollt. Dann wird er mit Tomatensoße bestrichen. Danach werden darauf klein geschnittene Pilze verteilt. Nun wird die Pizza mit Salz, Pfeffer und Oregano gewürzt. Anschließend wird sie mit Käse bestreut. Am Ende wird die Pizza in den Ofen geschoben und ca. 20 Minuten gebacken.

Schreibe zu den historischen Fakten je einen Satz im Passiv auf. Benutze das Präteritum.

Brandenburger Tor – **Bau: im 18. Jahrhundert**
→ Das Brandenburger Tor wurde im 18. Jahrhundert gebaut.

Gründung: 1949 – Bundesrepublik
→ Die Bundesrepublik wurde 1949 gegründet.

Röntgenstrahlen – **Entdeckung: 1895**
→ Die Röntgenstrahlen wurden 1895 entdeckt.

Erfindung: ca. 5000 Jahre vor Christus – Rad
→ Das Rad wurde ca. 5000 Jahre vor Christus erfunden.

Schulpflicht – **Einführung in Deutschland: 1919**
→ Die Schulpflicht wurde in Deutschland 1919 eingeführt.

alle Abb.: Norbert Höveler
© Verlag an der Ruhr | Autorin: Corinna Altmann | www.verlagruhr.de Fit in Deutsch WORTARTEN: Nomen, Verben, Adjektive 57

Seite 58

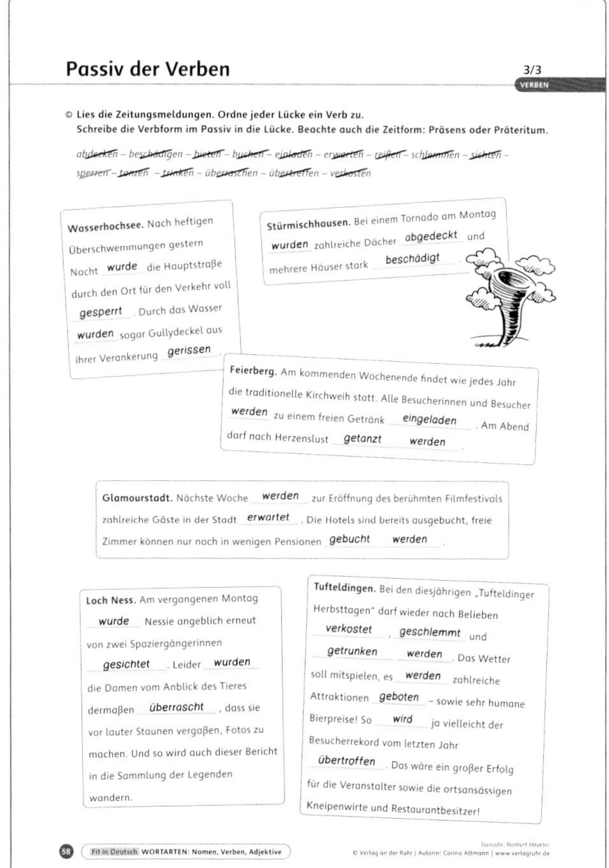

Passiv der Verben

3/3 VERBEN

Lies die Zeitungsmeldungen. Ordne jeder Lücke ein Verb zu. Schreibe die Verbform im Passiv in die Lücke. Beachte auch die Zeitform: Präsens oder Präteritum.

abdecken – beschädigen – bieten – buchen – einladen – erwarten – reißen – schließen – sichten – sperren – tanzen – trinken – überraschen – übertreffen – verkosten

Wasserhochsee. Nach heftigen Überschwemmungen gestern Nacht wurde die Hauptstraße durch den Ort für den Verkehr voll gesperrt. Durch das Wasser wurden sogar Gullydeckel aus ihrer Verankerung gerissen.

Stürmischhausen. Bei einem Tornado am Montag wurden zahlreiche Dächer abgedeckt und mehrere Häuser stark beschädigt.

Feierberg. Am kommenden Wochenende findet wie jedes Jahr die traditionelle Kirchweih statt. Alle Besucherinnen und Besucher werden zu einem freien Getränk eingeladen. Am Abend darf nach Herzenslust getanzt werden.

Glamourstadt. Nächste Woche werden zur Eröffnung des berühmten Filmfestivals zahlreiche Gäste in der Stadt erwartet. Die Hotels sind bereits ausgebucht, freie Zimmer können nur noch in wenigen Pensionen gebucht werden.

Loch Ness. Am vergangenen Montag wurde Nessie angeblich erneut von zwei Spaziergängerinnen gesichtet. Leider wurden die Damen vom Anblick des Tieres dermaßen überrascht, dass sie vor lauter Staunen vergaßen, Fotos zu machen. Und so wird auch dieser Bericht in die Sammlung der Legenden wandern.

Tufteldingen. Bei den diesjährigen „Tufteldinger Herbsttagen" darf wieder nach Belieben verkostet, geschlemmt und getrunken werden. Das Wetter soll mitspielen, es werden zahlreiche Attraktionen geboten – sowie sehr humane Bierpreise! So wird ja vielleicht der Besucherrekord vom letzten Jahr übertroffen. Das wäre ein großer Erfolg für die Veranstalter sowie die ortsansässigen Kneipenwirte und Restaurantbesitzer!

Tornado: Norbert Höveler
58 Fit in Deutsch WORTARTEN: Nomen, Verben, Adjektive © Verlag an der Ruhr | Autorin: Corinna Altmann | www.verlagruhr.de

Seite 59

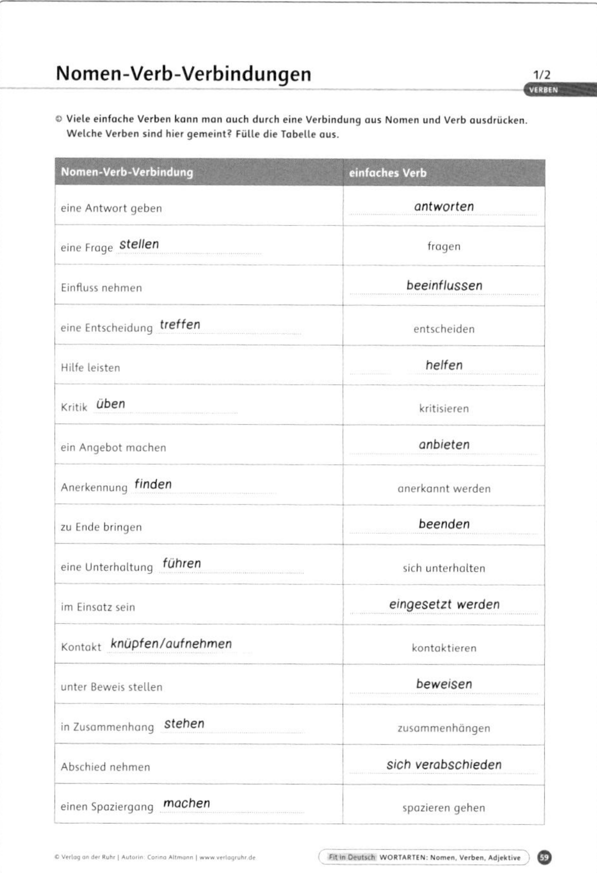

Nomen-Verb-Verbindungen

1/2 VERBEN

Viele einfache Verben kann man auch durch eine Verbindung aus Nomen und Verb ausdrücken. Welche Verben sind hier gemeint? Fülle die Tabelle aus.

Nomen-Verb-Verbindung	einfaches Verb
eine Antwort geben	antworten
eine Frage stellen	fragen
Einfluss nehmen	beeinflussen
eine Entscheidung treffen	entscheiden
Hilfe leisten	helfen
Kritik üben	kritisieren
ein Angebot machen	anbieten
Anerkennung finden	anerkannt werden
zu Ende bringen	beenden
eine Unterhaltung führen	sich unterhalten
im Einsatz sein	eingesetzt werden
Kontakt knüpfen/aufnehmen	kontaktieren
unter Beweis stellen	beweisen
in Zusammenhang stehen	zusammenhängen
Abschied nehmen	sich verabschieden
einen Spaziergang machen	spazieren gehen

© Verlag an der Ruhr | Autorin: Corinna Altmann | www.verlagruhr.de Fit in Deutsch WORTARTEN: Nomen, Verben, Adjektive 59

Lösungen: **Verben**

Seite 60

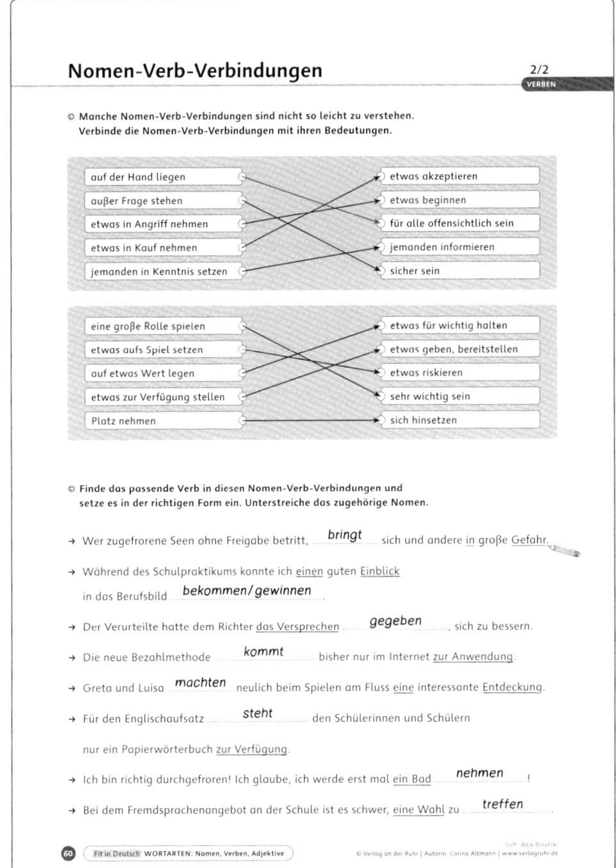

Nomen-Verb-Verbindungen

2/2 VERBEN

Manche Nomen-Verb-Verbindungen sind nicht so leicht zu verstehen. Verbinde die Nomen-Verb-Verbindungen mit ihren Bedeutungen.

Nomen-Verb-Verbindung	Bedeutung
auf der Hand liegen	für alle offensichtlich sein
außer Frage stehen	sicher sein
etwas in Angriff nehmen	etwas beginnen
etwas in Kauf nehmen	etwas akzeptieren
jemanden in Kenntnis setzen	jemanden informieren

Nomen-Verb-Verbindung	Bedeutung
eine große Rolle spielen	sehr wichtig sein
etwas aufs Spiel setzen	etwas riskieren
auf etwas Wert legen	etwas für wichtig halten
etwas zur Verfügung stellen	etwas geben, bereitstellen
Platz nehmen	sich hinsetzen

Finde das passende Verb in diesen Nomen-Verb-Verbindungen und setze es in der richtigen Form ein. Unterstreiche das zugehörige Nomen.

→ Wer zugefrorene Seen ohne Freigabe betritt, *bringt* sich und andere in große Gefahr.

→ Während des Schulpraktikums konnte ich einen guten Einblick in das Berufsbild *bekommen/gewinnen*.

→ Der Verurteilte hatte dem Richter das Versprechen *gegeben*, sich zu bessern.

→ Die neue Bezahlmethode *kommt* bisher nur im Internet zur Anwendung.

→ Greta und Luisa *machten* neulich beim Spielen am Fluss eine interessante Entdeckung.

→ Für den Englischaufsatz *steht* den Schülerinnen und Schülern nur ein Papierwörterbuch zur Verfügung.

→ Ich bin richtig durchgefroren! Ich glaube, ich werde erst mal ein Bad *nehmen*!

→ Bei dem Fremdsprachenangebot an der Schule ist es schwer, eine Wahl zu *treffen*.

60 Fit in Deutsch WORTARTEN: Nomen, Verben, Adjektive

Stift: Anja Boretzki

Seite 62

Adjektive erkennen und finden

1/3 ADJEKTIVE

© Zum Aufwärmen: Schreibe hier mindestens 15 Adjektive auf, die dir spontan einfallen.

mögliche Beispiele

1 lustig	2 glücklich	3 nett
4 treu	5 laut	6 schlau
7 kompliziert	8 faul	9 scheu
10 fröhlich	11 matt	12 feurig
13 sauber	14 schnell	15 verliebt
16	17	18
19	20	21

© Markiere alle Adjektive mit einem Textmarker. Es sind insgesamt 33.

WUT**SCHLAU**SALBEZWEIG**GELB**MEERDREIECK**EDEL**MILCH
KLEINLICHSCHNEE**LEBENDIG**LEBEN**SCHWARZ**NOT**WILD**
WACHSENDANNDASDIE**LEISE**SCHNUR**KLEIN**MUT**BRAUN**
SAFT**BELIEBT**SEIFESCHNEIDENKOCHEN**LAHM**ENTE**DÜNN**
DUSCHLAMMSCHLUCHT**SCHEU**BERGAMSELLIED**LAUT**BRIEF
BREITLINIE**GUT**WUTGRIFF**SCHLECHT**LUFT**ARM**SCHNEEPFLUG
NETTNEIDLADEN**STEINIG**MUT**GLATT**NEBELNABELLAGE
WINDIGACHTUNGLINDENLUNGE**KRUMM**ICH**DUMM**WUCHT
LOBLAMPEWER**FEIN**WIEGEN**GESUND**SCHLAFENDUMAUS
LIEBLICHBERGTALSONNELAMPE**STUR**NOTMEERTAUFISCH
LEERTOR**KLAR**KUCHENBAUMLIEDLOBBACKEN**KÜHN**SCHNUR
GELDLEGENDECKE**DICK**DAUMENBLEIBILDKARTENTEEICH

62 Fit in Deutsch WORTARTEN: Nomen, Verben, Adjektive © Verlag an der Ruhr | Autorin: Corina Altmann | www.verlagruhr.de

Seite 63

Adjektive erkennen und finden

2/3 ADJEKTIVE

© Adjektiv oder nicht? Kreuze an.
Es sind insgesamt 40 Adjektive.

	ja	nein		ja	nein		ja	nein
WESENTLICH	X		WÜST	X		WILLKÜRLICH	X	
VERDIENT	X		VERLUST		X	KONFUS	X	
KONTROLLE		X	SPERRIG	X		BESCHEIDEN	X	
BEILEID		X	BELIEBT	X		NATÜRLICH	X	
HÖFLICH	X		ENTSETZLICH	X		NEIDISCH	X	
UNGEWISS	X		WECHSELHAFT	X		ANSPORN		X
ANSPRUCH		X	BIEDER	X		STEUER		X
SPRUNGHAFT	X		SPEZIELL	X		SCHALL		X
ANSTALT		X	STUMM	X		STREICH		X
BRUCH		X	BLECH		X	BLEICH	X	
REGE	X		REINLICH	X		RELING		X
KONKRET	X		JUNG	X		TEUER	X	
TROLL		X	TISCHLER		X	BLUMIG	X	
BLAUÄUGIG	X		BRILLE		X	BRILLANT	X	
BRETT		X	STRICH		X	STRENG	X	
STREIT		X	STRAFF	X		EID		X
EIFRIG	X		EIFERSÜCHTIG	X		ERFOLGREICH	X	
NEU	X		NICHTS		X	NACHSICHTIG	X	
NUR		X	NORMAL	X		GLÜCKLICH	X	
GEDULD		X	GESUND	X		GEMÜTLICH	X	
GERBEREI		X	HOF		X	HOFFEN		X
HÄUFIG	X		HEFTIG	X		AXT		X

© Verlag an der Ruhr | Autorin: Corina Altmann | www.verlagruhr.de Fit in Deutsch WORTARTEN: Nomen, Verben, Adjektive 63

Seite 64

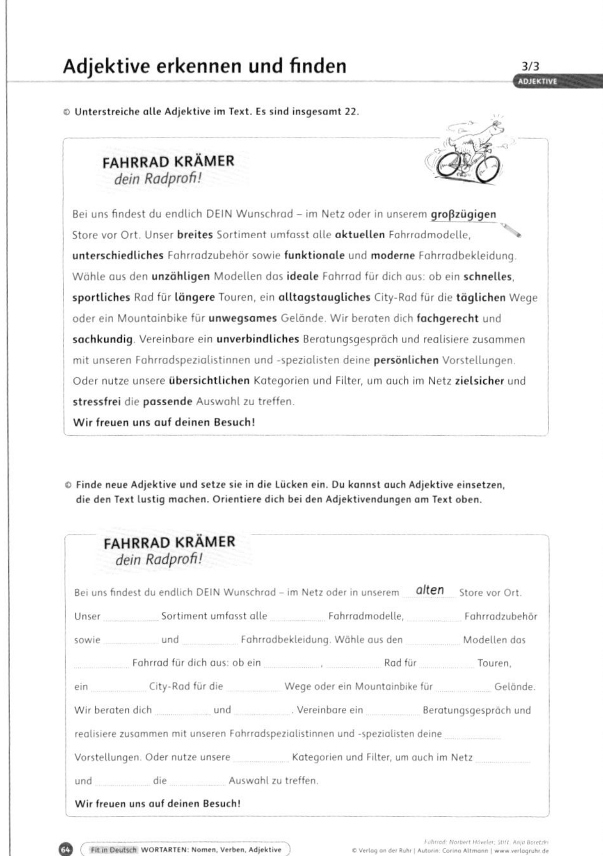

Adjektive erkennen und finden

3/3 ADJEKTIVE

© Unterstreiche alle Adjektive im Text. Es sind insgesamt 22.

FAHRRAD KRÄMER
dein Radprofi!

Bei uns findest du endlich DEIN Wunschrad – im Netz oder in unserem **großzügigen** Store vor Ort. Unser **breites** Sortiment umfasst alle **aktuellen** Fahrradmodelle, **unterschiedliches** Fahrradzubehör sowie **funktionale** und **moderne** Fahrradbekleidung. Wähle aus den **unzähligen** Modellen das **ideale** Fahrrad für dich aus: ob ein **schnelles**, **sportliches** Rad für **längere** Touren, ein **alltagstaugliches** City-Rad für die **täglichen** Wege oder ein Mountainbike für **unwegsames** Gelände. Wir beraten dich **fachgerecht** und **sachkundig**. Vereinbare ein **unverbindliches** Beratungsgespräch und realisiere zusammen mit unseren Fahrradspezialistinnen und -spezialisten deine **persönlichen** Vorstellungen. Oder nutze unsere **übersichtlichen** Kategorien und Filter, um auch im Netz **zielsicher** und **stressfrei** die **passende** Auswahl zu treffen.

Wir freuen uns auf deinen Besuch!

© Finde neue Adjektive und setze sie in die Lücken ein. Du kannst auch Adjektive einsetzen, die den Text lustig machen. Orientiere dich bei den Adjektivendungen am Text oben.

FAHRRAD KRÄMER
dein Radprofi!

Bei uns findest du endlich DEIN Wunschrad – im Netz oder in unserem *alten* Store vor Ort. Unser .... Sortiment umfasst alle .... Fahrradmodelle, ... Fahrradzubehör sowie .... und .... Fahrradbekleidung. Wähle aus den .... Modellen das .... Fahrrad für dich aus: ob ein ...., ... Rad für .... Touren, ein .... City-Rad für die .... Wege oder ein Mountainbike für .... Gelände. Wir beraten dich .... und .... Vereinbare ein .... Beratungsgespräch und realisiere zusammen mit unseren Fahrradspezialistinnen und -spezialisten deine .... Vorstellungen. Oder nutze unsere .... Kategorien und Filter, um auch im Netz .... und .... die .... Auswahl zu treffen.

Wir freuen uns auf deinen Besuch!

64 Fit in Deutsch WORTARTEN: Nomen, Verben, Adjektive Fahrrad: Norbert Höveler; Stift: Anja Boretzki © Verlag an der Ruhr | Autorin: Corina Altmann | www.verlagruhr.de

Seite 65

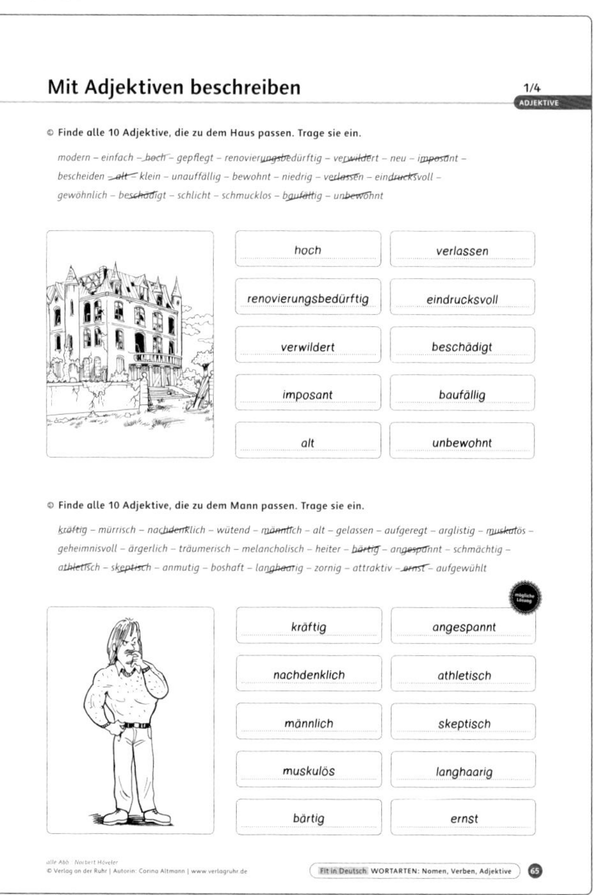

Mit Adjektiven beschreiben

1/4 ADJEKTIVE

© Finde alle 10 Adjektive, die zu dem Haus passen. Trage sie ein.

modern – einfach – ~~hoch~~ – gepflegt – renovierungsbedürftig – verwildert – neu – imposant – bescheiden – ~~alt~~ – klein – unauffällig – bewohnt – niedrig – verlassen – eindrucksvoll – gewöhnlich – beschädigt – schlicht – schmucklos – baufällig – unbewohnt

hoch	verlassen
renovierungsbedürftig	eindrucksvoll
verwildert	beschädigt
imposant	baufällig
alt	unbewohnt

© Finde alle 10 Adjektive, die zu dem Mann passen. Trage sie ein.

kräftig – mürrisch – nachdenklich – wütend – männlich – alt – gelassen – aufgeregt – arglistig – muskulös – geheimnisvoll – ärgerlich – träumerisch – melancholisch – heiter – bärtig – angespannt – schmächtig – athletisch – skeptisch – anmutig – boshaft – langhaarig – zornig – attraktiv – ~~ernst~~ – aufgewühlt

mögliche Lösung

kräftig	angespannt
nachdenklich	athletisch
männlich	skeptisch
muskulös	langhaarig
bärtig	ernst

alle Abb.: Norbert Höveler
© Verlag an der Ruhr | Autorin: Corina Altmann | www.verlagruhr.de Fit in Deutsch WORTARTEN: Nomen, Verben, Adjektive 65

Lösungen: Adjektive

Seite 66

Mit Adjektiven beschreiben

2/4 ADJEKTIVE

Stelle um und bilde Aussagesätze.

Wie ist/sind ...?

der wichtige Termin	→	Der Termin ist wichtig.
der anschauliche Vortrag	→	Der Vortrag ist anschaulich.
der teure Urlaub	→	Der Urlaub ist teuer.
die heftigen Stürme	→	Die Stürme sind heftig.
die eilige Nachricht	→	Die Nachricht ist eilig.
die malerische Altstadt	→	Die Altstadt ist malerisch.
die klugen Fragen	→	Die Fragen sind klug.
die bequeme Hose	→	Die Hose ist bequem.
das sonnige Wetter	→	Das Wetter ist sonnig.
das gute Gefühl	→	Das Gefühl ist gut.
das fröhliche Lachen	→	Das Lachen ist fröhlich.
die eleganten Sofas	→	Die Sofas sind elegant.

Trage die passenden Adjektive ein. Bilde Sätze.

Wie ist/sind ...?

der geschmackvolle Mantel → Der Mantel ist geschmackvoll.
→ gemischt, gelassen, geschmackvoll

der gewitzte Anwalt → Der Anwalt ist gewitzt.
→ gewitzt, geräumig, geordnet

die gesunde Suppe → Die Suppe ist gesund.
→ gemein, gesund, gefräßig

die geräumige Wohnung → Die Wohnung ist geräumig.
→ geschickt, geräumig, gesellig

das gewaltige Haus → Das Haus ist gewaltig.
→ gewitzt, gewaltig, gescheit

die gemütlichen Zimmer → Die Zimmer sind gemütlich.
→ gemütlich, genügsam, gewichtig

66 Fit in Deutsch WORTARTEN: Nomen, Verben, Adjektive — © Verlag an der Ruhr | Autorin: Corinna Altmann | www.verlagruhr.de

Seite 67

Mit Adjektiven beschreiben

3/4 ADJEKTIVE

Trage die passenden Adjektive ein. Bilde Sätze.

Wie ist/sind ...?

der unverschämte Mann → Der Mann ist unverschämt.
→ unverschämt, ungeordnet, unverständlich

der untalentierte Koch → Der Koch ist untalentiert.
→ unvollständig, untalentiert, unrechtmäßig

die unrealistische Vorstellung → Die Vorstellung ist unrealistisch.
→ unsportlich, unrealistisch, unregelmäßig

die unsauberen Hosen → Die Hosen sind unsauber.
→ unsauber, untreu, unreif

das unwichtige Buch → Das Buch ist unwichtig.
→ unwichtig, unsympathisch, unruhig

das ungerechte Urteil → Das Urteil ist ungerecht.
→ ungepflegt, ungerecht, ungeschickt

Trage auch hier die passenden Adjektive ein. Bilde Sätze.

Wie ist/sind ...?

die auffallenden Hüte → Die Hüte sind auffallend.
→ auffallend, aufsässig, aufmüpfig

die anmutige Gestalt → Die Gestalt ist anmutig.
→ anständig, andächtig, anmutig

die beeindruckende Rede → Die Rede ist beeindruckend.
→ beeindruckend, belesen, begrenzt

die beachtlichen Mauern → Die Mauern sind beachtlich.
→ beschränkt, beachtlich, betreten

das erschwingliche Haus → Das Haus ist erschwinglich.
→ erwachsen, erzogen, erschwinglich

das erlesene Essen → Das Essen ist erlesen.
→ erschreckend, erlesen, erfolgreich

© Verlag an der Ruhr | Autorin: Corinna Altmann | www.verlagruhr.de — Fit in Deutsch WORTARTEN: Nomen, Verben, Adjektive 67

Seite 68

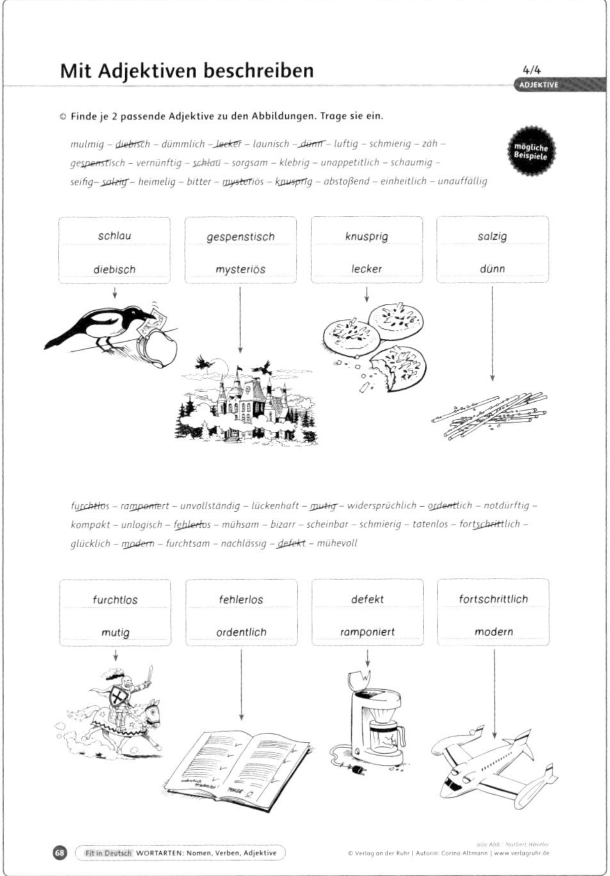

Mit Adjektiven beschreiben

4/4 ADJEKTIVE

Finde je 2 passende Adjektive zu den Abbildungen. Trage sie ein.

mögliche Beispiele

mulmig – ~~diebisch~~ – dümmlich – ~~lecker~~ – launisch – ~~dünn~~ – luftig – schmierig – zäh – ~~gespenstisch~~ – vernünftig – ~~schlau~~ – sorgsam – klebrig – unappetitlich – schaumig – seifig – ~~salzig~~ – heimelig – bitter – ~~mysteriös~~ – ~~knusprig~~ – abstoßend – einheitlich – unauffällig

schlau	gespenstisch	knusprig	salzig
diebisch	mysteriös	lecker	dünn

~~furchtlos~~ – ~~ramponiert~~ – unvollständig – lückenhaft – ~~mutig~~ – widersprüchlich – ~~ordentlich~~ – notdürftig – kompakt – unlogisch – ~~fehlerlos~~ – mühsam – bizarr – scheinbar – schmierig – tatenlos – ~~fortschrittlich~~ – glücklich – ~~modern~~ – furchtsam – nachlässig – ~~defekt~~ – mühevoll

furchtlos	fehlerlos	defekt	fortschrittlich
mutig	ordentlich	ramponiert	modern

68 Fit in Deutsch WORTARTEN: Nomen, Verben, Adjektive — © Verlag an der Ruhr | Autorin: Corinna Altmann | www.verlagruhr.de

Seite 69

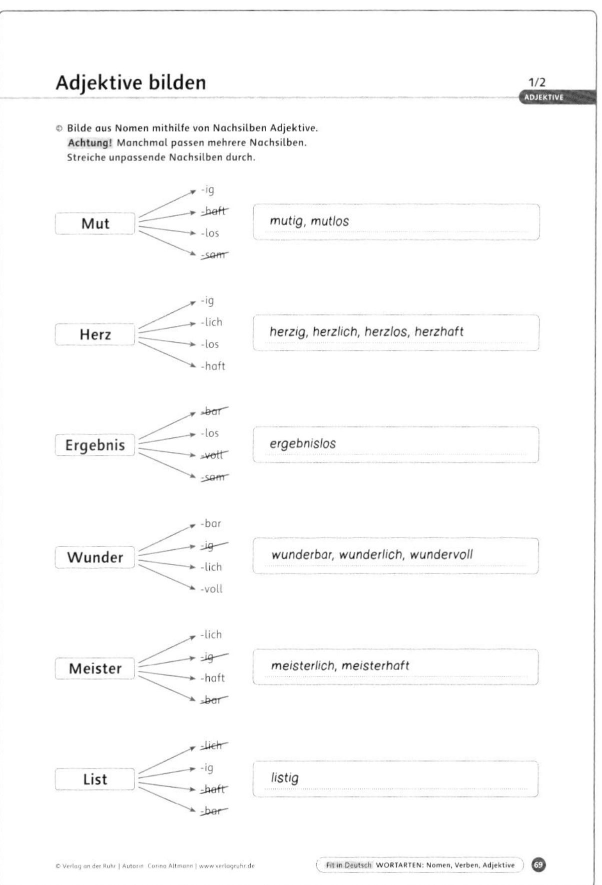

Adjektive bilden

1/2 ADJEKTIVE

Bilde aus Nomen mithilfe von Nachsilben Adjektive.
Achtung! Manchmal passen mehrere Nachsilben.
Streiche unpassende Nachsilben durch.

Nomen	Nachsilben	Adjektive
Mut	-ig, ~~-haft~~, -los, ~~-sam~~	mutig, mutlos
Herz	-ig, -lich, -los, -haft	herzig, herzlich, herzlos, herzhaft
Ergebnis	~~-bar~~, -los, ~~-voll~~, ~~-sam~~	ergebnislos
Wunder	-bar, ~~-ig~~, -lich, -voll	wunderbar, wunderlich, wundervoll
Meister	-lich, ~~-ig~~, -haft, ~~-bar~~	meisterlich, meisterhaft
List	~~-lich~~, -ig, ~~-haft~~, ~~-bar~~	listig

© Verlag an der Ruhr | Autorin: Corinna Altmann | www.verlagruhr.de — Fit in Deutsch WORTARTEN: Nomen, Verben, Adjektive 69

Seite 70

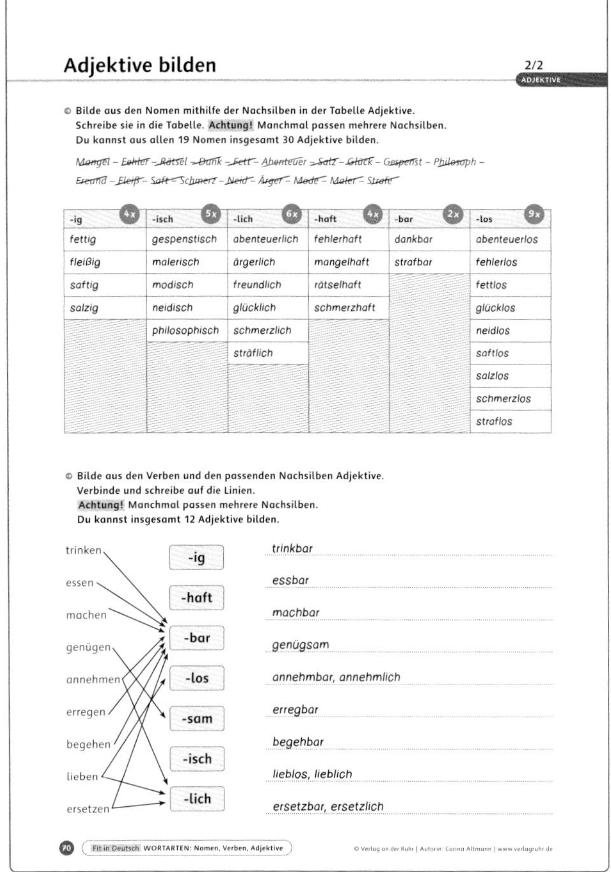

Adjektive bilden

2/2 ADJEKTIVE

Bilde aus den Nomen mithilfe der Nachsilben in der Tabelle Adjektive. Schreibe sie in die Tabelle. **Achtung!** Manchmal passen mehrere Nachsilben. Du kannst aus allen 19 Nomen insgesamt 30 Adjektive bilden.

~~Mangel~~ – ~~Fehler~~ – ~~Rätsel~~ – ~~Dank~~ – ~~Fett~~ – ~~Abenteuer~~ – ~~Salz~~ – ~~Glück~~ – ~~Gespenst~~ – ~~Philosoph~~ – ~~Freund~~ – ~~Fleiß~~ – ~~Saft~~ – ~~Schmerz~~ – ~~Neid~~ – ~~Ärger~~ – ~~Mode~~ – ~~Maler~~ – ~~Strafe~~

-ig (4x)	-isch (5x)	-lich (6x)	-haft (4x)	-bar (2x)	-los (9x)
fettig	gespenstisch	abenteuerlich	fehlerhaft	dankbar	abenteuerlos
fleißig	malerisch	ärgerlich	mangelhaft	strafbar	fehlerlos
saftig	modisch	freundlich	rätselhaft		fettlos
salzig	neidisch	glücklich	schmerzhaft		glücklos
	philosophisch	schmerzlich			neidlos
		sträflich			saftlos
					salzlos
					schmerzlos
					straflos

Bilde aus den Verben und den passenden Nachsilben Adjektive. Verbinde und schreibe auf die Linien. **Achtung!** Manchmal passen mehrere Nachsilben. Du kannst insgesamt 12 Adjektive bilden.

trinken – essen – machen – genügen – annehmen – erregen – begehen – lieben – ersetzen

-ig – -haft – -bar – -los – -sam – -isch – -lich

trinkbar
essbar
machbar
genügsam
annehmbar, annehmlich
erregbar
begehbar
lieblos, lieblich
ersetzbar, ersetzlich

70 Fit in Deutsch WORTARTEN: Nomen, Verben, Adjektive – © Verlag an der Ruhr | Autorin: Corinna Altmann | www.verlagruhr.de

Seite 71

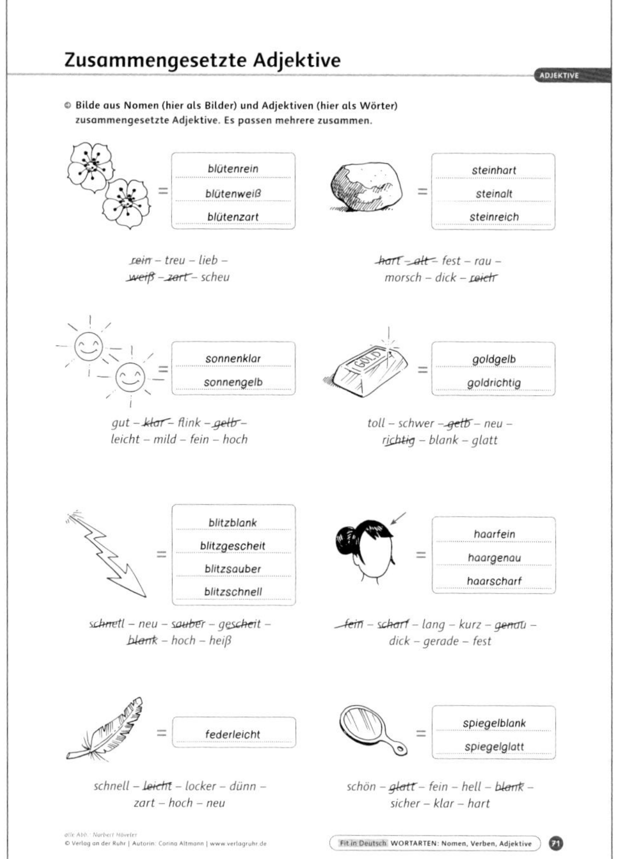

Zusammengesetzte Adjektive

ADJEKTIVE

Bilde aus Nomen (hier als Bilder) und Adjektiven (hier als Wörter) zusammengesetzte Adjektive. Es passen mehrere zusammen.

= blütenrein / blütenweiß / blütenzart

~~rein~~ – treu – lieb – ~~weiß~~ – ~~zart~~ – scheu

= steinhart / steinalt / steinreich

~~hart~~ – ~~alt~~ – fest – rau – morsch – dick – ~~reich~~

= sonnenklar / sonnengelb

gut – ~~klar~~ – flink – ~~gelb~~ – leicht – mild – fein – hoch

= goldgelb / goldrichtig

toll – schwer – ~~gelb~~ – neu – ~~richtig~~ – blank – glatt

= blitzblank / blitzgescheit / blitzsauber / blitzschnell

~~schnell~~ – neu – ~~sauber~~ – ~~gescheit~~ – ~~blank~~ – hoch – heiß

= haarfein / haargenau / haarscharf

~~fein~~ – ~~scharf~~ – lang – kurz – ~~genau~~ – dick – gerade – fest

= federleicht

schnell – ~~leicht~~ – locker – dünn – zart – hoch – neu

= spiegelblank / spiegelglatt

schön – ~~glatt~~ – fein – hell – ~~blank~~ – sicher – klar – hart

© Verlag an der Ruhr | Autorin: Corinna Altmann | www.verlagruhr.de – Fit in Deutsch WORTARTEN: Nomen, Verben, Adjektive 71

Seite 72

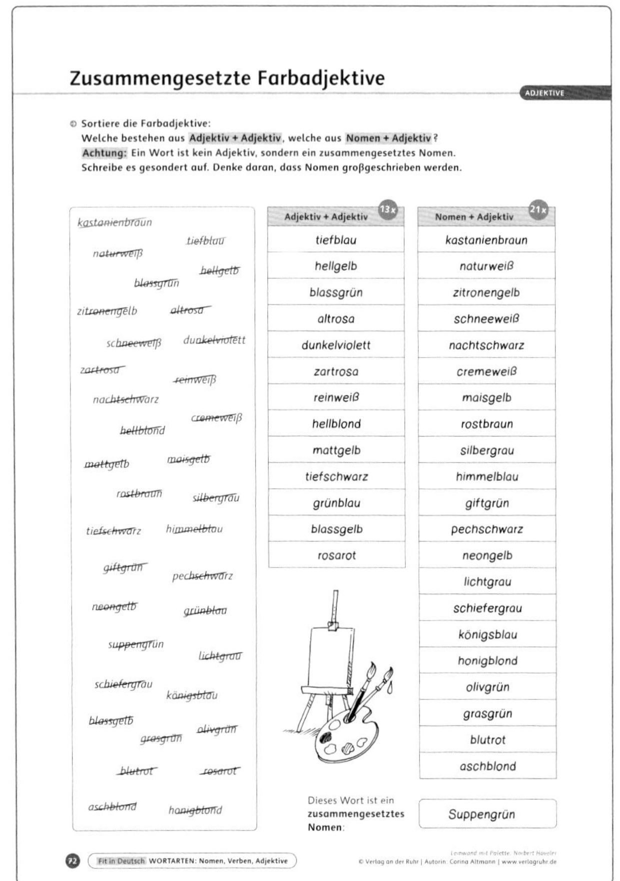

Zusammengesetzte Farbadjektive

ADJEKTIVE

Sortiere die Farbadjektive: Welche bestehen aus **Adjektiv + Adjektiv**, welche aus **Nomen + Adjektiv**? **Achtung:** Ein Wort ist kein Adjektiv, sondern ein zusammengesetztes Nomen. Schreibe es gesondert auf. Denke daran, dass Nomen großgeschrieben werden.

~~kastanienbraun~~ – ~~tiefblau~~ – ~~naturweiß~~ – ~~hellgelb~~ – ~~blassgrün~~ – ~~zitronengelb~~ – ~~altrosa~~ – ~~schneeweiß~~ – ~~dunkelviolett~~ – ~~zartrosa~~ – ~~reinweiß~~ – ~~nachtschwarz~~ – ~~cremeweiß~~ – ~~hellblond~~ – ~~mattgelb~~ – ~~maisgelb~~ – ~~rostbraun~~ – ~~silbergrau~~ – ~~tiefschwarz~~ – ~~himmelblau~~ – ~~giftgrün~~ – ~~pechschwarz~~ – ~~neongelb~~ – ~~grünblau~~ – ~~suppengrün~~ – ~~lichtgrau~~ – ~~schiefergrau~~ – ~~königsblau~~ – ~~blassgelb~~ – ~~olivgrün~~ – ~~grasgrün~~ – ~~blutrot~~ – ~~rosarot~~ – ~~aschblond~~ – ~~honigblond~~

Adjektiv + Adjektiv (13x)	Nomen + Adjektiv (21x)
tiefblau	kastanienbraun
hellgelb	naturweiß
blassgrün	zitronengelb
altrosa	schneeweiß
dunkelviolett	nachtschwarz
zartrosa	cremeweiß
reinweiß	maisgelb
hellblond	rostbraun
mattgelb	silbergrau
tiefschwarz	himmelblau
grünblau	giftgrün
blassgelb	pechschwarz
rosarot	neongelb
	lichtgrau
	schiefergrau
	königsblau
	honigblond
	olivgrün
	grasgrün
	blutrot
	aschblond

Dieses Wort ist ein zusammengesetztes Nomen: Suppengrün

72 Fit in Deutsch WORTARTEN: Nomen, Verben, Adjektive – © Verlag an der Ruhr | Autorin: Corinna Altmann | www.verlagruhr.de

Seite 73

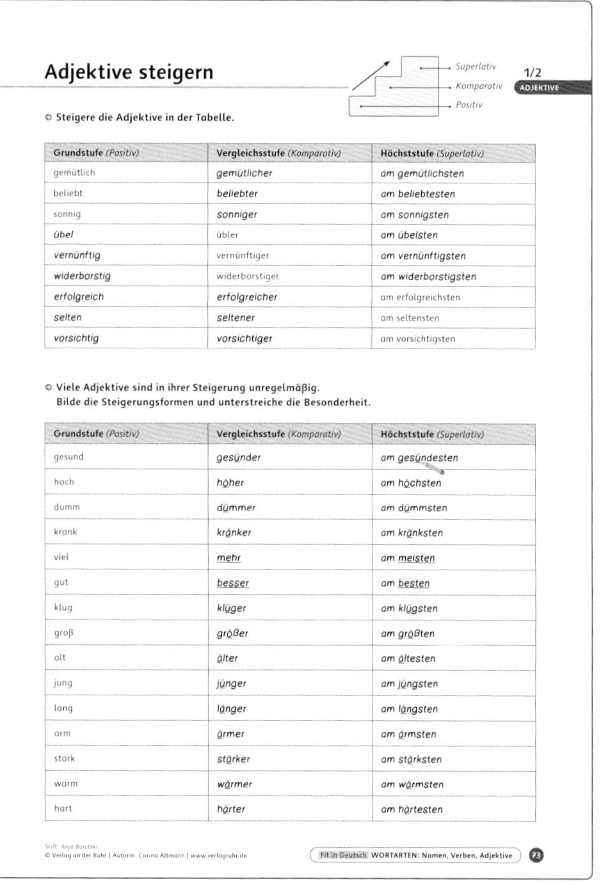

Adjektive steigern

1/2 ADJEKTIVE

Steigere die Adjektive in der Tabelle.

Grundstufe (Positiv)	Vergleichsstufe (Komparativ)	Höchststufe (Superlativ)
gemütlich	gemütlicher	am gemütlichsten
beliebt	beliebter	am beliebtesten
sonnig	sonniger	am sonnigsten
übel	übler	am übelsten
vernünftig	vernünftiger	am vernünftigsten
widerborstig	widerborstiger	am widerborstigsten
erfolgreich	erfolgreicher	am erfolgreichsten
selten	seltener	am seltensten
vorsichtig	vorsichtiger	am vorsichtigsten

Viele Adjektive sind in ihrer Steigerung unregelmäßig. Bilde die Steigerungsformen und unterstreiche die Besonderheit.

Grundstufe (Positiv)	Vergleichsstufe (Komparativ)	Höchststufe (Superlativ)
gesund	gesünder	am gesündesten
hoch	höher	am höchsten
dumm	dümmer	am dümmsten
krank	kränker	am kränksten
viel	mehr	am meisten
gut	besser	am besten
klug	klüger	am klügsten
groß	größer	am größten
alt	älter	am ältesten
jung	jünger	am jüngsten
lang	länger	am längsten
arm	ärmer	am ärmsten
stark	stärker	am stärksten
warm	wärmer	am wärmsten
hart	härter	am härtesten

© Verlag an der Ruhr | Autorin: Corinna Altmann | www.verlagruhr.de – Fit in Deutsch WORTARTEN: Nomen, Verben, Adjektive 73

Lösungen: **Adjektive**

Seite 74

Adjektive steigern

2/2 ADJEKTIVE

Beantworte die Fragen in einem Satz. Benutze Komparativformen wie im Beispiel.

→ Welches Handy bevorzugst du? *billig – teuer*
Ich bevorzuge das billigere Handy.

→ Welche Hose ist dir lieber? *hell – dunkel*
Mir ist die hellere/dunklere Hose lieber.

→ Welchen Snack hättest du gern? *gesund – ungesund*
Ich hätte gern den ungesünderen/gesünderen Snack.

→ Welchen Film siehst du dir lieber an? *lustig – traurig*
Ich sehe mir lieber den traurigeren/lustigeren Film an.

→ Welche Aufgabe interessiert dich? *leicht – schwierig*
Mich interessiert die leichtere/schwierigere Aufgabe.

Ergänze die Sätze mit den Adjektiven in der Superlativform.

~~ängstlich~~ – ~~bevölkerungsreich~~ – ~~geschickt~~ – ~~günstig~~ – ~~gut~~ – ~~hoch~~ – ~~neugierig~~ – ~~nördlich~~ – ~~schlau~~ – ~~viele~~

→ Rafael muss einfach immer alles wissen. Er ist der *neugierigste* Junge in meiner Klasse.
→ Meine Schwester strickt schnell wie der Wind! Sie hat die *geschicktesten* Finger, die ich kenne.
→ Die *meisten* Deutschen essen vermutlich drei Mahlzeiten am Tag.
→ Die Zugspitze ist der *höchste* Berg Deutschlands.
→ China und Indien sind die *bevölkerungsreichsten* Länder der Welt.
→ Zur Mathematikolympiade treffen sich alljährlich nur die *schlauesten* Köpfe.
→ Unser Dackel muss der *ängstlichste* Hund der Welt sein. Er versteckt sich ständig unterm Bett!
→ Das Nordkap in Norwegen ist der *nördlichste* Punkt Europas.
→ Hier gibt es alles in *bester* Qualität und zu den *günstigsten* Preisen!

74 Fit in Deutsch WORTARTEN: Nomen, Verben, Adjektive © Verlag an der Ruhr | Autorin: Corinna Altmann | www.verlagruhr.de

Seite 75

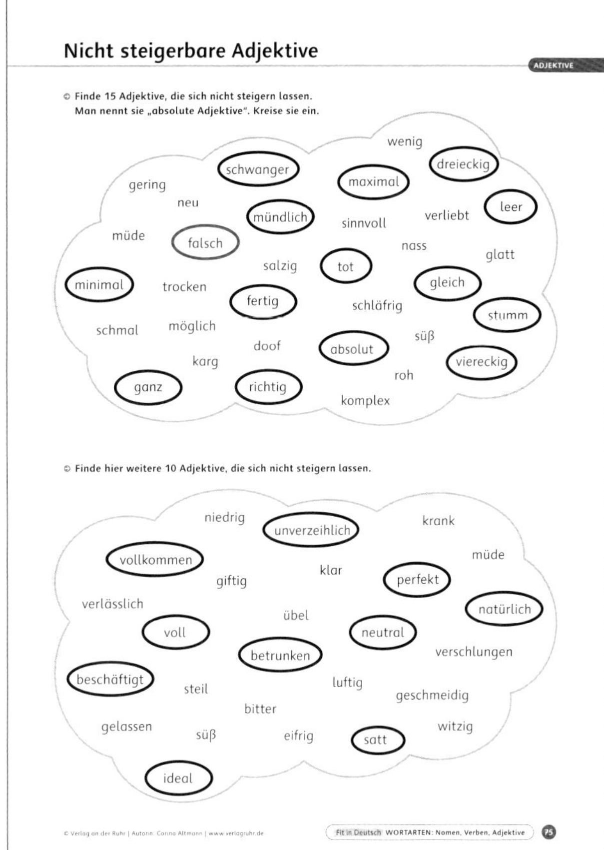

Nicht steigerbare Adjektive

ADJEKTIVE

Finde 15 Adjektive, die sich nicht steigern lassen. Man nennt sie „absolute Adjektive". Kreise sie ein.

wenig, schwanger (eingekreist), dreieckig (eingekreist), gering, maximal (eingekreist), neu, leer (eingekreist), mündlich (eingekreist), sinnvoll, verliebt, müde, falsch (eingekreist), nass, glatt, salzig, tot (eingekreist), minimal (eingekreist), trocken, gleich (eingekreist), fertig (eingekreist), schläfrig, stumm (eingekreist), schmal, möglich, süß, doof, absolut (eingekreist), karg, viereckig (eingekreist), roh, ganz (eingekreist), richtig (eingekreist), komplex

Finde hier weitere 10 Adjektive, die sich nicht steigern lassen.

niedrig, unverzeihlich (eingekreist), krank, vollkommen (eingekreist), müde, giftig, klar, perfekt (eingekreist), verlässlich, natürlich (eingekreist), übel, voll (eingekreist), neutral (eingekreist), betrunken (eingekreist), verschlungen, beschäftigt (eingekreist), steil, luftig, geschmeidig, bitter, gelassen, süß, eifrig, witzig, satt (eingekreist), ideal (eingekreist)

© Verlag an der Ruhr | Autorin: Corinna Altmann | www.verlagruhr.de Fit in Deutsch WORTARTEN: Nomen, Verben, Adjektive 75

Seite 76

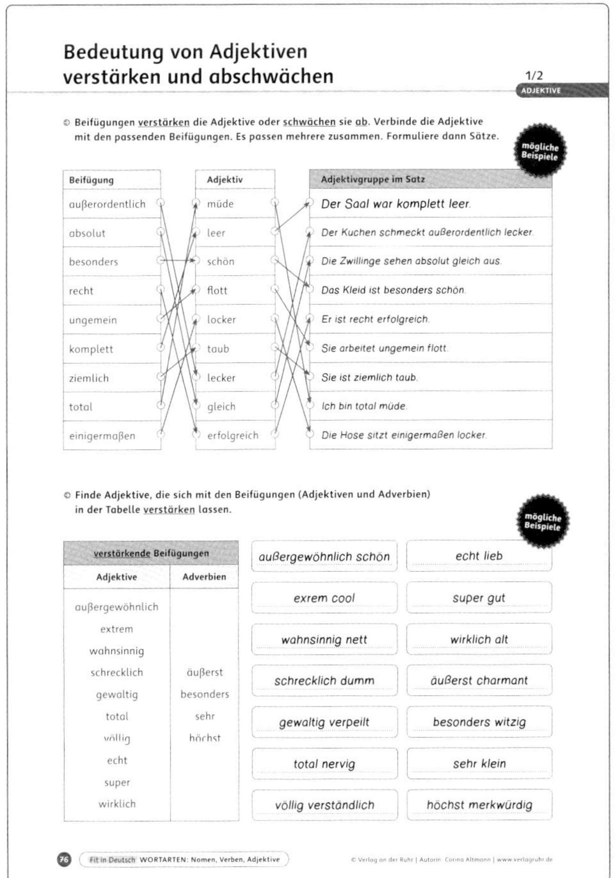

Bedeutung von Adjektiven verstärken und abschwächen

1/2 ADJEKTIVE

Beifügungen verstärken die Adjektive oder schwächen sie ab. Verbinde die Adjektive mit den passenden Beifügungen. Es passen mehrere zusammen. Formuliere dann Sätze.

mögliche Beispiele

Beifügung	Adjektiv	Adjektivgruppe im Satz
außerordentlich	müde	*Der Saal war komplett leer.*
absolut	leer	*Der Kuchen schmeckt außerordentlich lecker.*
besonders	schön	*Die Zwillinge sehen absolut gleich aus.*
recht	flott	*Das Kleid ist besonders schön.*
ungemein	locker	*Er ist recht erfolgreich.*
komplett	taub	*Sie arbeitet ungemein flott.*
ziemlich	lecker	*Sie ist ziemlich taub.*
total	gleich	*Ich bin total müde.*
einigermaßen	erfolgreich	*Die Hose sitzt einigermaßen locker.*

Finde Adjektive, die sich mit den Beifügungen (Adjektiven und Adverbien) in der Tabelle verstärken lassen.

mögliche Beispiele

verstärkende Beifügungen	
Adjektive	**Adverbien**
außergewöhnlich, extrem, wahnsinnig, schrecklich, gewaltig, total, völlig, echt, super, wirklich	äußerst, besonders, sehr, höchst

außergewöhnlich schön	*echt lieb*
exrem cool	*super gut*
wahnsinnig nett	*wirklich alt*
schrecklich dumm	*äußerst charmant*
gewaltig verpeilt	*besonders witzig*
total nervig	*sehr klein*
völlig verständlich	*höchst merkwürdig*

76 Fit in Deutsch WORTARTEN: Nomen, Verben, Adjektive © Verlag an der Ruhr | Autorin: Corinna Altmann | www.verlagruhr.de

Seite 77

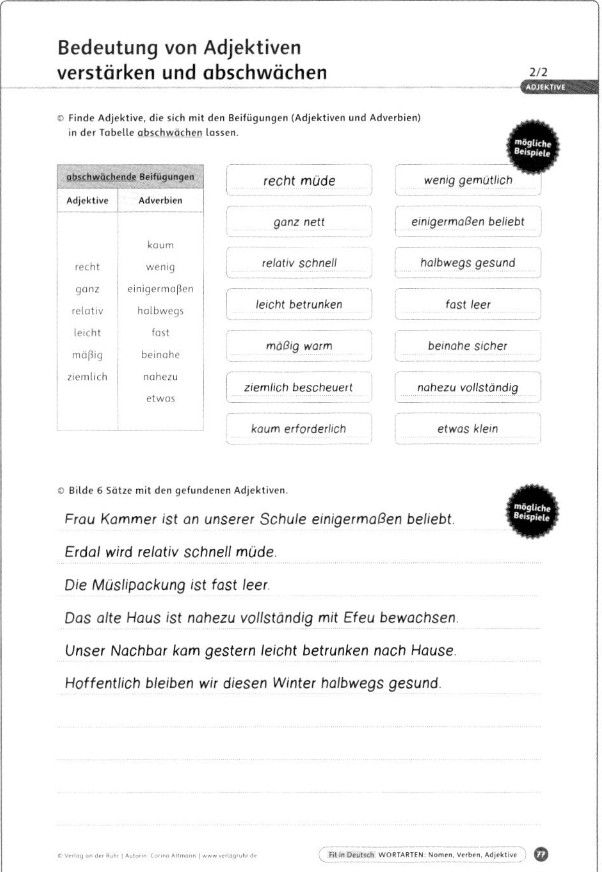

Bedeutung von Adjektiven verstärken und abschwächen

2/2 ADJEKTIVE

Finde Adjektive, die sich mit den Beifügungen (Adjektiven und Adverbien) in der Tabelle abschwächen lassen.

mögliche Beispiele

abschwächende Beifügungen	
Adjektive	**Adverbien**
recht, ganz, relativ, leicht, mäßig, ziemlich	kaum, wenig, einigermaßen, halbwegs, fast, beinahe, nahezu, etwas

recht müde	*wenig gemütlich*
ganz nett	*einigermaßen beliebt*
relativ schnell	*halbwegs gesund*
leicht betrunken	*fast leer*
mäßig warm	*beinahe sicher*
ziemlich bescheuert	*nahezu vollständig*
kaum erforderlich	*etwas klein*

Bilde 6 Sätze mit den gefundenen Adjektiven.

mögliche Beispiele

Frau Kammer ist an unserer Schule einigermaßen beliebt.
Erdal wird relativ schnell müde.
Die Müslipackung ist fast leer.
Das alte Haus ist nahezu vollständig mit Efeu bewachsen.
Unser Nachbar kam gestern leicht betrunken nach Hause.
Hoffentlich bleiben wir diesen Winter halbwegs gesund.

© Verlag an der Ruhr | Autorin: Corinna Altmann | www.verlagruhr.de Fit in Deutsch WORTARTEN: Nomen, Verben, Adjektive 77

Lösungen: **Adjektive**

Seite 78

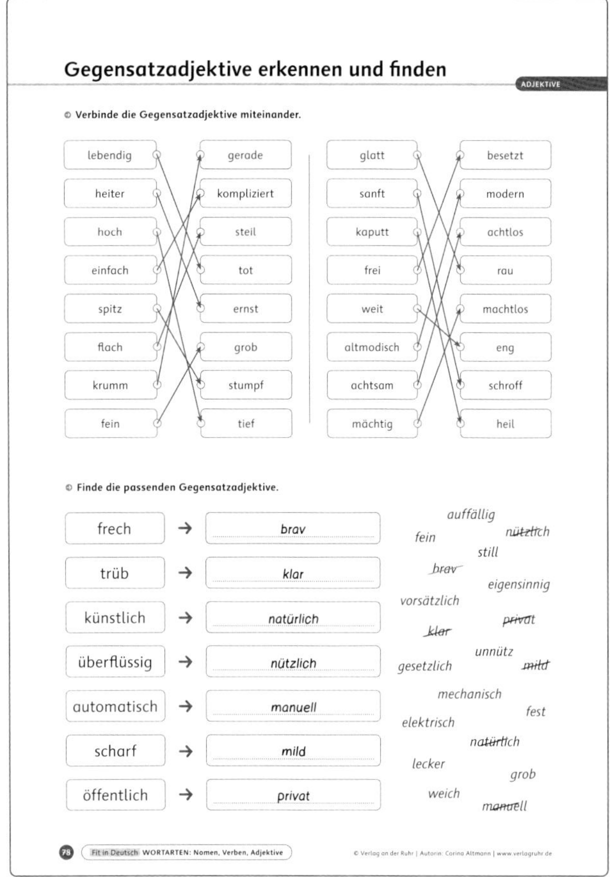

Gegensatzadjektive erkennen und finden

ADJEKTIVE

Verbinde die Gegensatzadjektive miteinander.

lebendig	gerade	glatt	besetzt
heiter	kompliziert	sanft	modern
hoch	steil	kaputt	achtlos
einfach	tot	frei	rau
spitz	ernst	weit	machtlos
flach	grob	altmodisch	eng
krumm	stumpf	achtsam	schroff
fein	tief	mächtig	heil

Finde die passenden Gegensatzadjektive.

frech	→	brav
trüb	→	klar
künstlich	→	natürlich
überflüssig	→	nützlich
automatisch	→	manuell
scharf	→	mild
öffentlich	→	privat

auffällig, fein, ~~nützlich~~, still, ~~brav~~, eigensinnig, vorsätzlich, ~~klar~~, ~~privat~~, unnütz, gesetzlich, ~~mild~~, mechanisch, fest, elektrisch, ~~natürlich~~, lecker, grob, weich, ~~manuell~~

78 Fit in Deutsch WORTARTEN: Nomen, Verben, Adjektive © Verlag an der Ruhr | Autorin: Corinna Altmann | www.verlagruhr.de

Seite 79

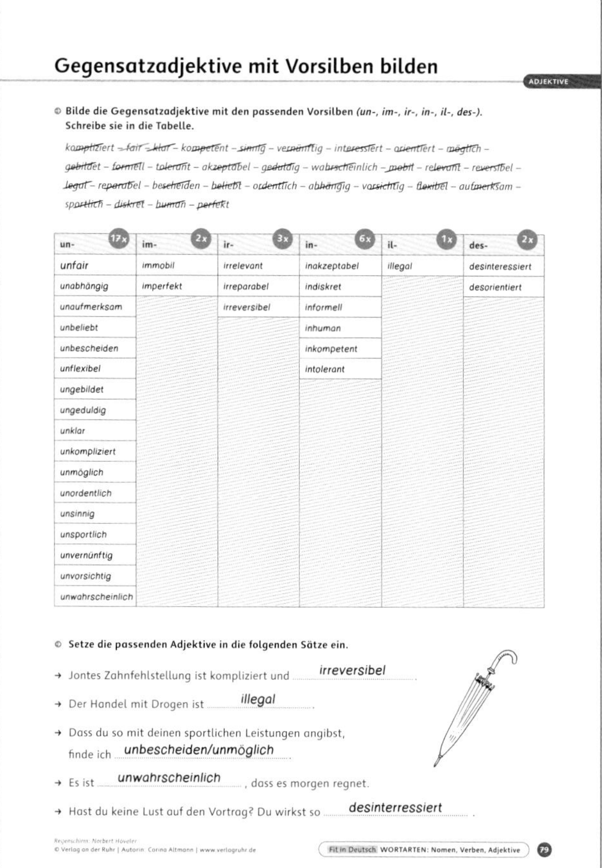

Gegensatzadjektive mit Vorsilben bilden

ADJEKTIVE

Bilde die Gegensatzadjektive mit den passenden Vorsilben *(un-, im-, ir-, in-, il-, des-)*. Schreibe sie in die Tabelle.

~~kompliziert~~ – ~~fair~~ – ~~klar~~ – ~~kompetent~~ – ~~sinnig~~ – ~~vernünftig~~ – ~~interessiert~~ – ~~orientiert~~ – ~~möglich~~ – ~~gebildet~~ – ~~formell~~ – ~~tolerant~~ – ~~akzeptabel~~ – ~~geduldig~~ – ~~wahrscheinlich~~ – ~~mobil~~ – ~~relevant~~ – ~~reversibel~~ – ~~legal~~ – ~~reparabel~~ – ~~bescheiden~~ – ~~beliebt~~ – ~~ordentlich~~ – ~~abhängig~~ – ~~vorsichtig~~ – ~~flexibel~~ – ~~aufmerksam~~ – ~~sportlich~~ – ~~diskret~~ – ~~human~~ – ~~perfekt~~

un- (17x)	im- (2x)	ir- (3x)	in- (6x)	il- (1x)	des- (2x)
unfair	immobil	irrelevant	inakzeptabel	illegal	desinteressiert
unabhängig	imperfekt	irreparabel	indiskret		desorientiert
unaufmerksam		irreversibel	informell		
unbeliebt			inhuman		
unbescheiden			inkompetent		
unflexibel			intolerant		
ungebildet					
ungeduldig					
unklar					
unkompliziert					
unmöglich					
unordentlich					
unsinnig					
unsportlich					
unvernünftig					
unvorsichtig					
unwahrscheinlich					

Setze die passenden Adjektive in die folgenden Sätze ein.

- Jontes Zahnfehlstellung ist kompliziert und irreversibel.
- Der Handel mit Drogen ist illegal.
- Dass du so mit deinen sportlichen Leistungen angibst, finde ich unbescheiden/unmöglich.
- Es ist unwahrscheinlich, dass es morgen regnet.
- Hast du keine Lust auf den Vortrag? Du wirkst so desinteressiert.

Regenschirm: Norbert Höveler
© Verlag an der Ruhr | Autorin: Corinna Altmann | www.verlagruhr.de Fit in Deutsch WORTARTEN: Nomen, Verben, Adjektive 79

Seite 80

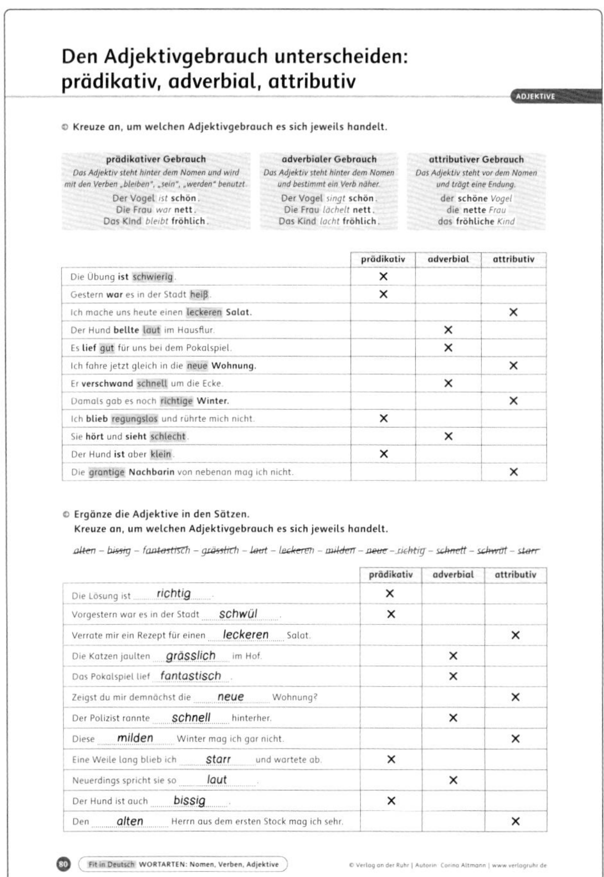

Den Adjektivgebrauch unterscheiden: prädikativ, adverbial, attributiv

ADJEKTIVE

Kreuze an, um welchen Adjektivgebrauch es sich jeweils handelt.

prädikativer Gebrauch	adverbialer Gebrauch	attributiver Gebrauch
Das Adjektiv steht hinter dem Nomen und wird mit den Verben „bleiben", „sein", „werden" benutzt. Der Vogel *ist* **schön**. Die Frau *war* **nett**. Das Kind *bleibt* **fröhlich**.	Das Adjektiv steht hinter dem Nomen und bestimmt ein Verb näher. Der Vogel *singt* **schön**. Die Frau *lächelt* **nett**. Das Kind *lacht* **fröhlich**.	Das Adjektiv steht vor dem Nomen und trägt eine Endung. der **schöne** *Vogel* die **nette** *Frau* das **fröhliche** *Kind*

	prädikativ	adverbial	attributiv
Die Übung **ist** schwierig.	X		
Gestern **war** es in der Stadt heiß.	X		
Ich mache uns heute einen leckeren **Salat**.			X
Der Hund **bellte** laut im Hausflur.		X	
Es **lief** gut für uns bei dem Pokalspiel.		X	
Ich fahre jetzt gleich in die neue **Wohnung**.			X
Er **verschwand** schnell um die Ecke.		X	
Damals gab es noch richtige **Winter**.			X
Ich **blieb** regungslos und rührte mich nicht.	X		
Sie hört und **sieht** schlecht.		X	
Der Hund **ist** aber klein.	X		
Die grantige **Nachbarin** von nebenan mag ich nicht.			X

Ergänze die Adjektive in den Sätzen. Kreuze an, um welchen Adjektivgebrauch es sich jeweils handelt.

~~alten~~ – ~~bissig~~ – ~~fantastisch~~ – ~~grässlich~~ – ~~laut~~ – ~~leckeren~~ – ~~milden~~ – ~~neue~~ – ~~richtig~~ – ~~schnell~~ – ~~schwül~~ – ~~starr~~

	prädikativ	adverbial	attributiv
Die Lösung ist richtig.	X		
Vorgestern war es in der Stadt schwül.	X		
Verrate mir ein Rezept für einen leckeren Salat.			X
Die Katzen jaulten grässlich im Hof.		X	
Das Pokalspiel lief fantastisch.		X	
Zeigst du mir demnächst die neue Wohnung?			X
Der Polizist rannte schnell hinterher.		X	
Diese milden Winter mag ich gar nicht.			X
Eine Weile lang blieb ich starr und wartete ab.	X		
Neuerdings spricht sie so laut.		X	
Der Hund ist auch bissig.	X		
Den alten Herrn aus dem ersten Stock mag ich sehr.			X

80 Fit in Deutsch WORTARTEN: Nomen, Verben, Adjektive © Verlag an der Ruhr | Autorin: Corinna Altmann | www.verlagruhr.de

Seite 81

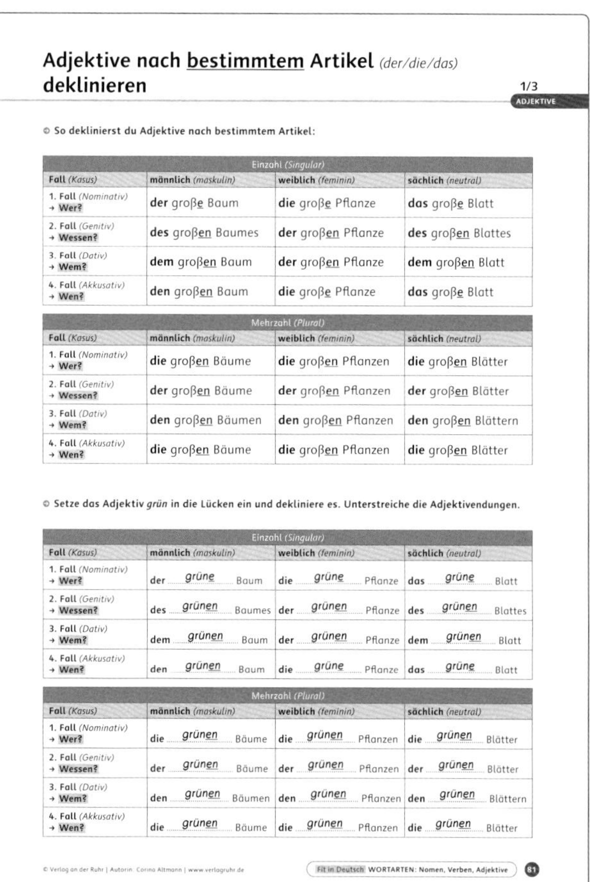

Adjektive nach bestimmtem Artikel *(der/die/das)* deklinieren

1/3

ADJEKTIVE

So deklinierst du Adjektive nach bestimmtem Artikel:

Einzahl *(Singular)*			
Fall *(Kasus)*	**männlich** *(maskulin)*	**weiblich** *(feminin)*	**sächlich** *(neutral)*
1. Fall *(Nominativ)* → Wer?	der großе Baum	die große Pflanze	das große Blatt
2. Fall *(Genitiv)* → Wessen?	des großen Baumes	der großen Pflanze	des großen Blattes
3. Fall *(Dativ)* → Wem?	dem großen Baum	der großen Pflanze	dem großen Blatt
4. Fall *(Akkusativ)* → Wen?	den großen Baum	die große Pflanze	das große Blatt

Mehrzahl *(Plural)*			
Fall *(Kasus)*	**männlich** *(maskulin)*	**weiblich** *(feminin)*	**sächlich** *(neutral)*
1. Fall *(Nominativ)* → Wer?	die großen Bäume	die großen Pflanzen	die großen Blätter
2. Fall *(Genitiv)* → Wessen?	der großen Bäume	der großen Pflanzen	der großen Blätter
3. Fall *(Dativ)* → Wem?	den großen Bäumen	den großen Pflanzen	den großen Blättern
4. Fall *(Akkusativ)* → Wen?	die großen Bäume	die großen Pflanzen	die großen Blätter

Setze das Adjektiv *grün* in die Lücken ein und dekliniere es. Unterstreiche die Adjektivendungen.

Einzahl *(Singular)*			
Fall *(Kasus)*	**männlich** *(maskulin)*	**weiblich** *(feminin)*	**sächlich** *(neutral)*
1. Fall *(Nominativ)* → Wer?	der grüne Baum	die grüne Pflanze	das grüne Blatt
2. Fall *(Genitiv)* → Wessen?	des grünen Baumes	der grünen Pflanze	des grünen Blattes
3. Fall *(Dativ)* → Wem?	dem grünen Baum	der grünen Pflanze	dem grünen Blatt
4. Fall *(Akkusativ)* → Wen?	den grünen Baum	die grüne Pflanze	das grüne Blatt

Mehrzahl *(Plural)*			
Fall *(Kasus)*	**männlich** *(maskulin)*	**weiblich** *(feminin)*	**sächlich** *(neutral)*
1. Fall *(Nominativ)* → Wer?	die grünen Bäume	die grünen Pflanzen	die grünen Blätter
2. Fall *(Genitiv)* → Wessen?	der grünen Bäume	der grünen Pflanzen	der grünen Blätter
3. Fall *(Dativ)* → Wem?	den grünen Bäumen	den grünen Pflanzen	den grünen Blättern
4. Fall *(Akkusativ)* → Wen?	die grünen Bäume	die grünen Pflanzen	die grünen Blätter

© Verlag an der Ruhr | Autorin: Corinna Altmann | www.verlagruhr.de Fit in Deutsch WORTARTEN: Nomen, Verben, Adjektive 81

Lösungen: **Adjektive**

Seite 82

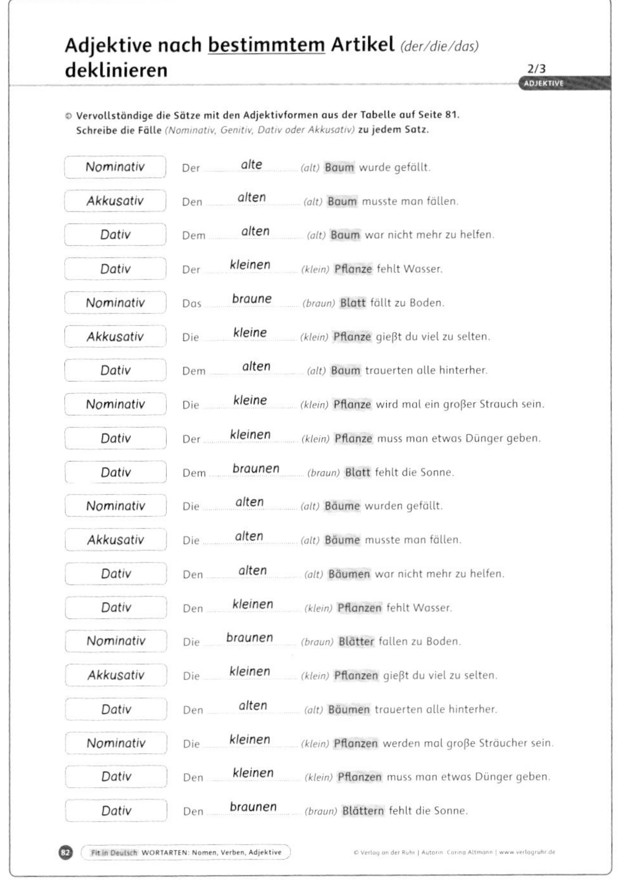

Adjektive nach <u>bestimmtem</u> Artikel *(der/die/das)* deklinieren

2/3 ADJEKTIVE

Vervollständige die Sätze mit den Adjektivformen aus der Tabelle auf Seite 81. Schreibe die Fälle *(Nominativ, Genitiv, Dativ oder Akkusativ)* **zu jedem Satz.**

Fall	Satz
Nominativ	Der *alte* (alt) Baum wurde gefällt.
Akkusativ	Den *alten* (alt) Baum musste man fällen.
Dativ	Dem *alten* (alt) Baum war nicht mehr zu helfen.
Dativ	Der *kleinen* (klein) Pflanze fehlt Wasser.
Nominativ	Das *braune* (braun) Blatt fällt zu Boden.
Akkusativ	Die *kleine* (klein) Pflanze gießt du viel zu selten.
Dativ	Dem *alten* (alt) Baum trauerten alle hinterher.
Nominativ	Die *kleine* (klein) Pflanze wird mal ein großer Strauch sein.
Dativ	Der *kleinen* (klein) Pflanze muss man etwas Dünger geben.
Dativ	Dem *braunen* (braun) Blatt fehlt die Sonne.
Nominativ	Die *alten* (alt) Bäume wurden gefällt.
Akkusativ	Die *alten* (alt) Bäume musste man fällen.
Dativ	Den *alten* (alt) Bäumen war nicht mehr zu helfen.
Dativ	Den *kleinen* (klein) Pflanzen fehlt Wasser.
Nominativ	Die *braunen* (braun) Blätter fallen zu Boden.
Akkusativ	Die *kleinen* (klein) Pflanzen gießt du viel zu selten.
Dativ	Den *alten* (alt) Bäumen trauerten alle hinterher.
Nominativ	Die *kleinen* (klein) Pflanzen werden mal große Sträucher sein.
Dativ	Den *kleinen* (klein) Pflanzen muss man etwas Dünger geben.
Dativ	Den *braunen* (braun) Blättern fehlt die Sonne.

82 Fit in Deutsch WORTARTEN: Nomen, Verben, Adjektive © Verlag an der Ruhr | Autorin: Corina Altmann | www.verlagruhr.de

Seite 83

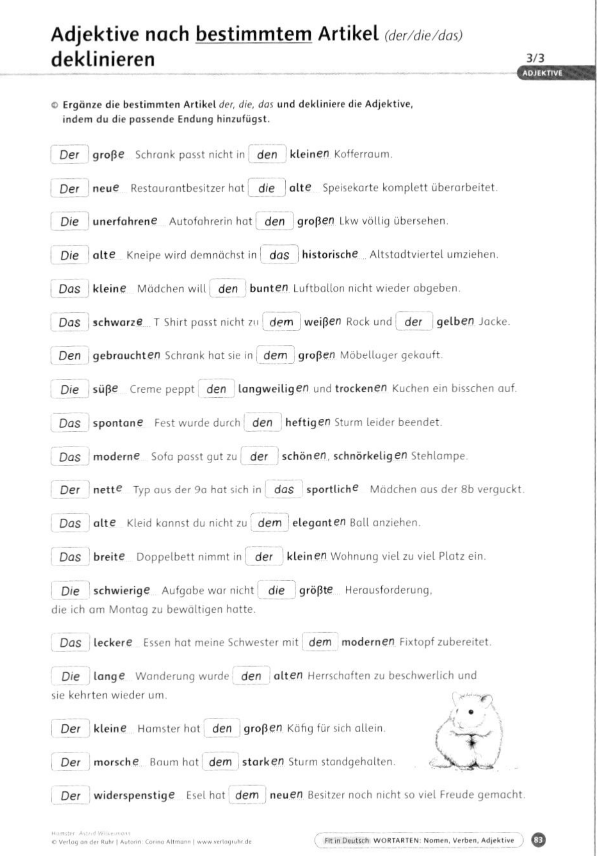

Adjektive nach <u>bestimmtem</u> Artikel *(der/die/das)* deklinieren

3/3 ADJEKTIVE

Ergänze die bestimmten Artikel *der, die, das* **und dekliniere die Adjektive, indem du die passende Endung hinzufügst.**

Der große Schrank passt nicht in den kleinen Kofferraum.

Der neue Restaurantbesitzer hat die alte Speisekarte komplett überarbeitet.

Die unerfahrene Autofahrerin hat den großen Lkw völlig übersehen.

Die alte Kneipe wird demnächst in das historische Altstadtviertel umziehen.

Das kleine Mädchen will den bunten Luftballon nicht wieder abgeben.

Das schwarze T-Shirt passt nicht zu dem weißen Rock und der gelben Jacke.

Den gebrauchten Schrank hat sie in dem großen Möbellager gekauft.

Die süße Creme peppt den langweiligen und trockenen Kuchen ein bisschen auf.

Das spontane Fest wurde durch den heftigen Sturm leider beendet.

Das moderne Sofa passt gut zu der schönen, schnörkeligen Stehlampe.

Der nette Typ aus der 9a hat sich in das sportliche Mädchen aus der 8b verguckt.

Das alte Kleid kannst du nicht zu dem eleganten Ball anziehen.

Das breite Doppelbett nimmt in der kleinen Wohnung viel zu viel Platz ein.

Die schwierige Aufgabe war nicht die größte Herausforderung, die ich am Montag zu bewältigen hatte.

Das leckere Essen hat meine Schwester mit dem modernen Fixtopf zubereitet.

Die lange Wanderung wurde den alten Herrschaften zu beschwerlich und sie kehrten wieder um.

Der kleine Hamster hat den großen Käfig für sich allein.

Der morsche Baum hat dem starken Sturm standgehalten.

Der widerspenstige Esel hat dem neuen Besitzer noch nicht so viel Freude gemacht.

Hamster: Astrid Wilkenmann
© Verlag an der Ruhr | Autorin: Corina Altmann | www.verlagruhr.de Fit in Deutsch WORTARTEN: Nomen, Verben, Adjektive 83

Seite 84

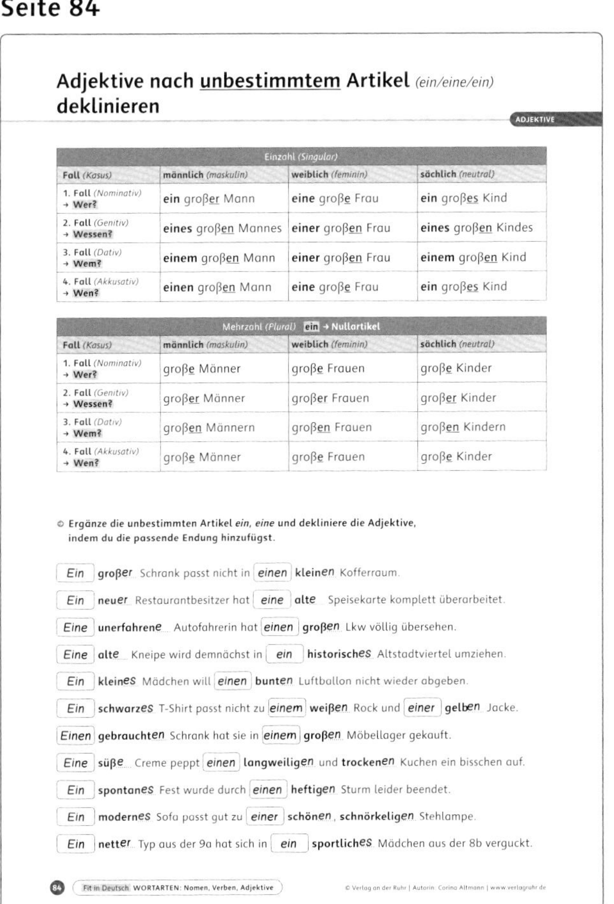

Adjektive nach <u>unbestimmtem</u> Artikel *(ein/eine/ein)* deklinieren

ADJEKTIVE

Einzahl *(Singular)*			
Fall *(Kasus)*	**männlich** *(maskulin)*	**weiblich** *(feminin)*	**sächlich** *(neutral)*
1. Fall *(Nominativ)* → **Wer?**	**ein** großer Mann	**eine** große Frau	**ein** großes Kind
2. Fall *(Genitiv)* → **Wessen?**	**eines** großen Mannes	**einer** großen Frau	**eines** großen Kindes
3. Fall *(Dativ)* → **Wem?**	**einem** großen Mann	**einer** großen Frau	**einem** großen Kind
4. Fall *(Akkusativ)* → **Wen?**	**einen** großen Mann	**eine** große Frau	**ein** großes Kind

Mehrzahl *(Plural)* ein → **Nullartikel**			
Fall *(Kasus)*	**männlich** *(maskulin)*	**weiblich** *(feminin)*	**sächlich** *(neutral)*
1. Fall *(Nominativ)* → **Wer?**	große Männer	große Frauen	große Kinder
2. Fall *(Genitiv)* → **Wessen?**	großer Männer	großer Frauen	großer Kinder
3. Fall *(Dativ)* → **Wem?**	großen Männern	großen Frauen	großen Kindern
4. Fall *(Akkusativ)* → **Wen?**	große Männer	große Frauen	große Kinder

Ergänze die unbestimmten Artikel *ein, eine* **und dekliniere die Adjektive, indem du die passende Endung hinzufügst.**

Ein großer Schrank passt nicht in einen kleinen Kofferraum.

Ein neuer Restaurantbesitzer hat eine alte Speisekarte komplett überarbeitet.

Eine unerfahrene Autofahrerin hat einen großen Lkw völlig übersehen.

Eine alte Kneipe wird demnächst in ein historisches Altstadtviertel umziehen.

Ein kleines Mädchen will einen bunten Luftballon nicht wieder abgeben.

Ein schwarzes T-Shirt passt nicht zu einem weißen Rock und einer gelben Jacke.

Einen gebrauchten Schrank hat sie in einem großen Möbellager gekauft.

Eine süße Creme peppt einen langweiligen und trockenen Kuchen ein bisschen auf.

Ein spontanes Fest wurde durch einen heftigen Sturm leider beendet.

Ein modernes Sofa passt gut zu einer schönen, schnörkeligen Stehlampe.

Ein netter Typ aus der 9a hat sich in ein sportliches Mädchen aus der 8b verguckt.

84 Fit in Deutsch WORTARTEN: Nomen, Verben, Adjektive © Verlag an der Ruhr | Autorin: Corina Altmann | www.verlagruhr.de

Seite 85

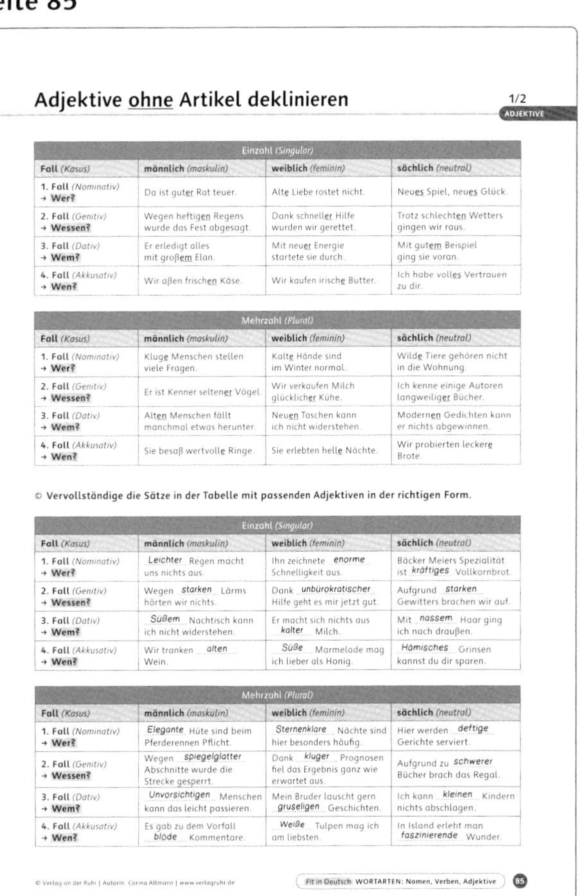

Adjektive <u>ohne</u> Artikel deklinieren

1/2 ADJEKTIVE

Einzahl *(Singular)*			
Fall *(Kasus)*	**männlich** *(maskulin)*	**weiblich** *(feminin)*	**sächlich** *(neutral)*
1. Fall *(Nominativ)* → **Wer?**	Da ist guter Rat teuer.	Alte Liebe rostet nicht.	Neues Spiel, neues Glück.
2. Fall *(Genitiv)* → **Wessen?**	Wegen heftigen Regens wurde das Fest abgesagt.	Dank schneller Hilfe wurden wir gerettet.	Trotz schlechten Wetters gingen wir raus.
3. Fall *(Dativ)* → **Wem?**	Er erledigt alles mit großem Elan.	Mit neuer Energie startete sie durch.	Mit gutem Beispiel ging sie voran.
4. Fall *(Akkusativ)* → **Wen?**	Wir aßen frischen Käse.	Wir kaufen irische Butter.	Ich habe volles Vertrauen zu dir.

Mehrzahl *(Plural)*			
Fall *(Kasus)*	**männlich** *(maskulin)*	**weiblich** *(feminin)*	**sächlich** *(neutral)*
1. Fall *(Nominativ)* → **Wer?**	Kluge Menschen stellen viele Fragen.	Kalte Hände sind im Winter normal.	Wilde Tiere gehören nicht in die Wohnung.
2. Fall *(Genitiv)* → **Wessen?**	Er ist Kenner seltener Vögel.	Wir verkaufen Milch glücklicher Kühe.	Ich kenne einige Autoren langweiliger Bücher.
3. Fall *(Dativ)* → **Wem?**	Alten Menschen fällt manchmal etwas herunter.	Neuen Taschen kann ich nicht widerstehen.	Modernen Gedichten kann er nichts abgewinnen.
4. Fall *(Akkusativ)* → **Wen?**	Sie besaß wertvolle Ringe.	Sie erlebten helle Nächte.	Wir probierten leckere Brote.

Vervollständige die Sätze in der Tabelle mit passenden Adjektiven in der richtigen Form.

Einzahl *(Singular)*			
Fall *(Kasus)*	**männlich** *(maskulin)*	**weiblich** *(feminin)*	**sächlich** *(neutral)*
1. Fall *(Nominativ)* → **Wer?**	*Leichter* Regen macht uns nichts aus.	Ihn zeichnete *enorme* Schnelligkeit aus.	Bäcker Meiers Spezialität ist *kräftiges* Vollkornbrot.
2. Fall *(Genitiv)* → **Wessen?**	Wegen *starken* Lärms hörten wir nichts.	Dank *unbürokratischer* Hilfe geht es mir jetzt gut.	Aufgrund *starken* Gewitters brachen wir auf.
3. Fall *(Dativ)* → **Wem?**	*Süßem* Nachtisch kann ich nicht widerstehen.	Er macht sich nichts aus *kalter* Milch.	Mit *nassem* Haar ging ich nach draußen.
4. Fall *(Akkusativ)* → **Wen?**	Wir tranken *alten* Wein.	*Süße* Marmelade mag ich lieber als Honig.	*Hämisches* Grinsen kannst du dir sparen.

Mehrzahl *(Plural)*			
Fall *(Kasus)*	**männlich** *(maskulin)*	**weiblich** *(feminin)*	**sächlich** *(neutral)*
1. Fall *(Nominativ)* → **Wer?**	*Elegante* Hüte sind beim Pferderennen Pflicht.	*Sternenklare* Nächte sind hier besonders häufig.	Hier werden *deftige* Gerichte serviert.
2. Fall *(Genitiv)* → **Wessen?**	Wegen *spiegelglatter* Abschnitte wurde die Strecke gesperrt.	Dank *kluger* Prognosen fiel das Ergebnis ganz wie erwartet aus.	Aufgrund zu *schwerer* Bücher brach das Regal.
3. Fall *(Dativ)* → **Wem?**	*Unvorsichtigen* Menschen kann das leicht passieren.	Mein Bruder lauscht gern *gruseligen* Geschichten.	Ich kann *kleinen* Kindern nichts abschlagen.
4. Fall *(Akkusativ)* → **Wen?**	Es gab zu dem Vorfall *blöde* Kommentare.	*Weiße* Tulpen mag ich am liebsten.	In Island erlebt man *faszinierende* Wunder.

© Verlag an der Ruhr | Autorin: Corina Altmann | www.verlagruhr.de Fit in Deutsch WORTARTEN: Nomen, Verben, Adjektive 85

Lösungen: Adjektive

Seite 86

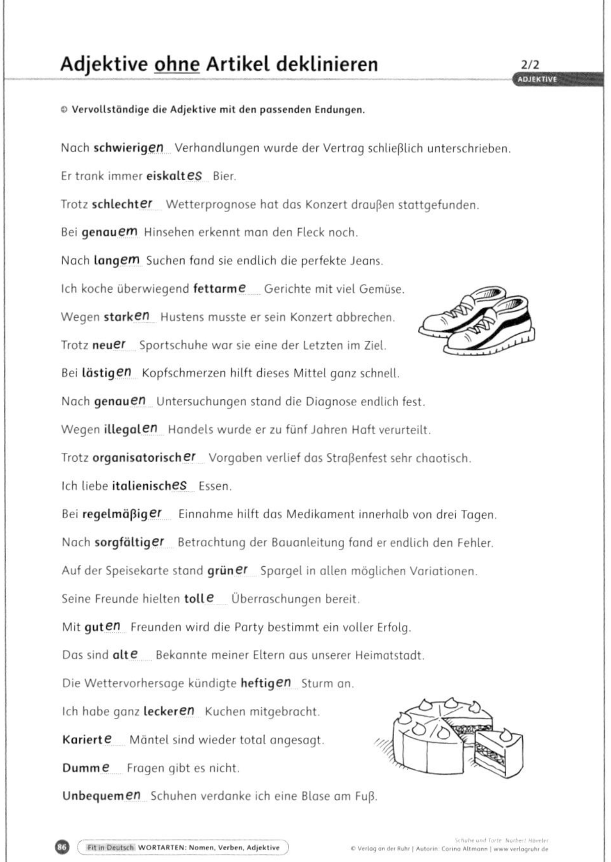

Adjektive ohne Artikel deklinieren 2/2

ADJEKTIVE

Vervollständige die Adjektive mit den passenden Endungen.

Nach **schwierigen** Verhandlungen wurde der Vertrag schließlich unterschrieben.
Er trank immer **eiskaltes** Bier.
Trotz **schlechter** Wetterprognose hat das Konzert draußen stattgefunden.
Bei **genauem** Hinsehen erkennt man den Fleck noch.
Nach **langem** Suchen fand sie endlich die perfekte Jeans.
Ich koche überwiegend **fettarme** Gerichte mit viel Gemüse.
Wegen **starken** Hustens musste er sein Konzert abbrechen.
Trotz **neuer** Sportschuhe war sie eine der Letzten im Ziel.
Bei **lästigen** Kopfschmerzen hilft dieses Mittel ganz schnell.
Nach **genauen** Untersuchungen stand die Diagnose endlich fest.
Wegen **illegalen** Handels wurde er zu fünf Jahren Haft verurteilt.
Trotz **organisatorischer** Vorgaben verlief das Straßenfest sehr chaotisch.
Ich liebe **italienisches** Essen.
Bei **regelmäßiger** Einnahme hilft das Medikament innerhalb von drei Tagen.
Nach **sorgfältiger** Betrachtung der Bauanleitung fand er endlich den Fehler.
Auf der Speisekarte stand **grüner** Spargel in allen möglichen Variationen.
Seine Freunde hielten **tolle** Überraschungen bereit.
Mit **guten** Freunden wird die Party bestimmt ein voller Erfolg.
Das sind **alte** Bekannte meiner Eltern aus unserer Heimatstadt.
Die Wettervorhersage kündigte **heftigen** Sturm an.
Ich habe ganz **leckeren** Kuchen mitgebracht.
Karierte Mäntel sind wieder total angesagt.
Dumme Fragen gibt es nicht.
Unbequemen Schuhen verdanke ich eine Blase am Fuß.

86 Fit in Deutsch WORTARTEN: Nomen, Verben, Adjektive © Verlag an der Ruhr | Autorin: Corina Altmann | www.verlagruhr.de

Seite 87

Adjektive nach Pronomen deklinieren

ADJEKTIVE

Suche passende Pronomen aus. Es passen mehrere. Setze sie in die Sätze ein und dekliniere die Adjektive. Schreibe immer 2 Varianten auf.

diese_ – jene_ – alle – einige_ – keine_ – jemand – manche_ – man – niemand – andere_ – solche_ – welche_ – sämtliche_ – beide_ – irgendwelche_ – mein_ – dein_ – sein_ – ihr_ – unser_ – euer/eure – mehr – viel_ – wenig_ – allerlei – keinerlei

mögliche Beispiele

→ Meine große Schwester hat allerlei schicke Klamotten.
Seine große Schwester hat keine schicken Klamotten.

→ Irgendwelche kleinen Kinder haben alle neuen Blumen zertrampelt.
Diese kleinen Kinder haben viele neue Blumen zertrampelt.

→ Ihr riesiger Hund bellt sämtliche kleine(n) Hunde an.
Dein riesiger Hund bellt manche kleine(n) Hunde an.

→ Bei diesem bekannten Konzert können einige unbekannte Bands spielen.
Bei keinem bekannten Konzert können jene unbekannten Bands spielen.

→ In keinem modernen Blumenladen gibt es irgendwelche roten Blumensorten.
In diesem modernen Blumenladen gibt es sämtliche rote(n) Blumensorten.

→ Er mag keinerlei heimisches Obst.
Er mag allerlei heimisches Obst.

→ Wir haben im Urlaub sämtliche historische(n) Orte der Insel besucht.
Wir haben im Urlaub irgendwelche historischen Orte der Insel besucht.

© Verlag an der Ruhr | Autorin: Corina Altmann | www.verlagruhr.de Fit in Deutsch WORTARTEN: Nomen, Verben, Adjektive 87

Seite 88

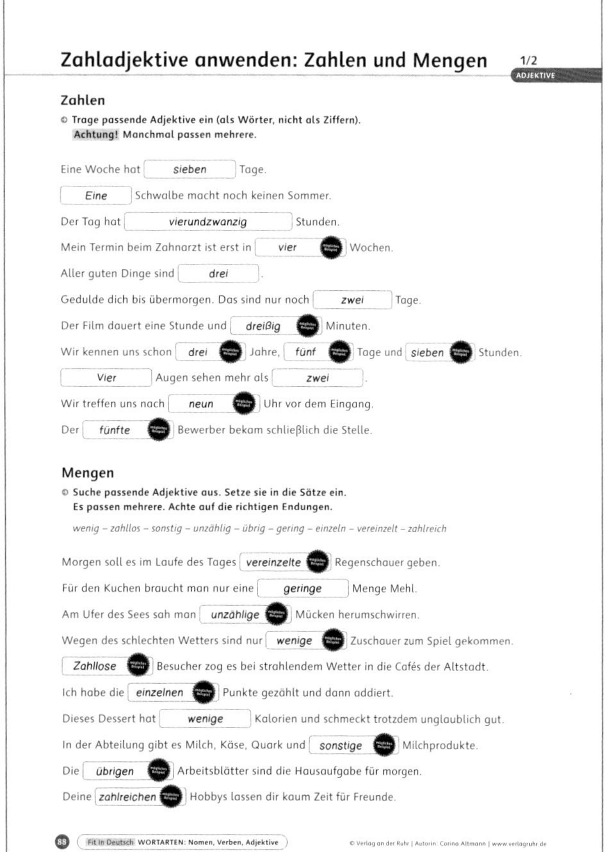

Zahladjektive anwenden: Zahlen und Mengen 1/2

ADJEKTIVE

Zahlen

Trage passende Adjektive ein (als Wörter, nicht als Ziffern).
Achtung! Manchmal passen mehrere.

Eine Woche hat sieben Tage.
Eine Schwalbe macht noch keinen Sommer.
Der Tag hat vierundzwanzig Stunden.
Mein Termin beim Zahnarzt ist erst in vier Wochen.
Aller guten Dinge sind drei.
Geduld dich bis übermorgen. Das sind nur noch zwei Tage.
Der Film dauert eine Stunde und dreißig Minuten.
Wir kennen uns schon drei Jahre, fünf Tage und sieben Stunden.
Vier Augen sehen mehr als zwei.
Wir treffen uns nach neun Uhr vor dem Eingang.
Der fünfte Bewerber bekam schließlich die Stelle.

Mengen

Suche passende Adjektive aus. Setze sie in die Sätze ein.
Es passen mehrere. Achte auf die richtigen Endungen.

wenig – zahllos – sonstig – unzählig – übrig – gering – einzeln – vereinzelt – zahlreich

Morgen soll es im Laufe des Tages vereinzelte Regenschauer geben.
Für den Kuchen braucht man nur eine geringe Menge Mehl.
Am Ufer des Sees sah man unzählige Mücken herumschwirren.
Wegen des schlechten Wetters sind nur wenige Zuschauer zum Spiel gekommen.
Zahllose Besucher zog es bei strahlendem Wetter in die Cafés der Altstadt.
Ich habe die einzelnen Punkte gezählt und dann addiert.
Dieses Dessert hat wenige Kalorien und schmeckt trotzdem unglaublich gut.
In der Abteilung gibt es Milch, Käse, Quark und sonstige Milchprodukte.
Die übrigen Arbeitsblätter sind die Hausaufgabe für morgen.
Deine zahlreichen Hobbys lassen dir kaum Zeit für Freunde.

88 Fit in Deutsch WORTARTEN: Nomen, Verben, Adjektive © Verlag an der Ruhr | Autorin: Corina Altmann | www.verlagruhr.de

Seite 89

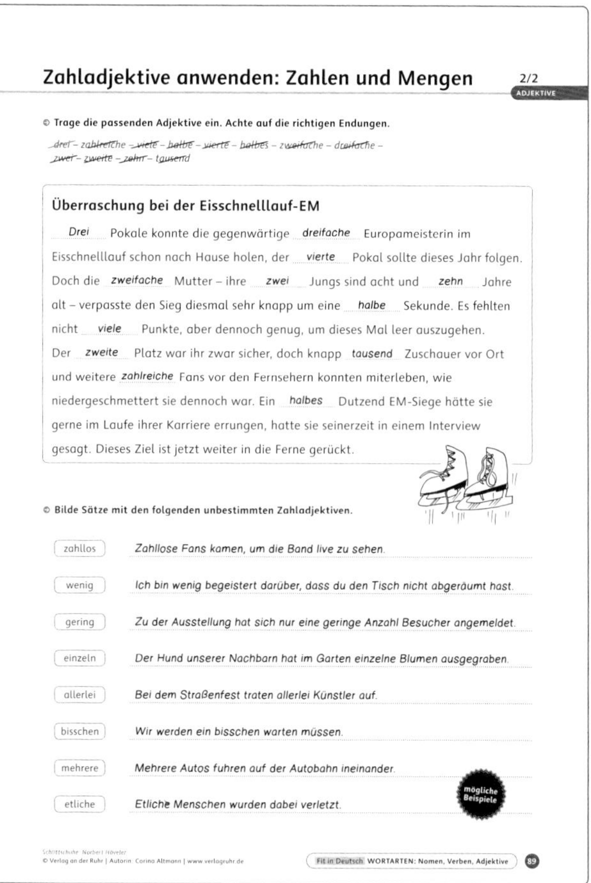

Zahladjektive anwenden: Zahlen und Mengen 2/2

ADJEKTIVE

Trage die passenden Adjektive ein. Achte auf die richtigen Endungen.

~~drei~~ – ~~zahlreiche~~ – ~~viele~~ – ~~halbe~~ – ~~vierte~~ – ~~halbes~~ – ~~zweifache~~ – ~~dreifache~~ – ~~zwei~~ – ~~zweite~~ – ~~zehn~~ – ~~tausend~~

Überraschung bei der Eisschnelllauf-EM

Drei Pokale konnte die gegenwärtige dreifache Europameisterin im Eisschnelllauf schon nach Hause holen, der vierte Pokal sollte dieses Jahr folgen. Doch die zweifache Mutter – ihre zwei Jungs sind acht und zehn Jahre alt – verpasste den Sieg diesmal sehr knapp um eine halbe Sekunde. Es fehlten nicht viele Punkte, aber dennoch genug, um dieses Mal leer auszugehen. Der zweite Platz war ihr zwar sicher, doch knapp tausend Zuschauer vor Ort und weitere zahlreiche Fans vor den Fernsehern konnten miterleben, wie niedergeschmettert sie dennoch war. Ein halbes Dutzend EM-Siege hätte sie gerne im Laufe ihrer Karriere errungen, hatte sie seinerzeit in einem Interview gesagt. Dieses Ziel ist jetzt weiter in die Ferne gerückt.

Bilde Sätze mit den folgenden unbestimmten Zahladjektiven.

zahllos – Zahllose Fans kamen, um die Band live zu sehen.
wenig – Ich bin wenig begeistert darüber, dass du den Tisch nicht abgeräumt hast.
gering – Zu der Ausstellung hat sich nur eine geringe Anzahl Besucher angemeldet.
einzeln – Der Hund unserer Nachbarn hat im Garten einzelne Blumen ausgegraben.
allerlei – Bei dem Straßenfest traten allerlei Künstler auf.
bisschen – Wir werden ein bisschen warten müssen.
mehrere – Mehrere Autos fuhren auf der Autobahn ineinander.
etliche – Etliche Menschen wurden dabei verletzt.

mögliche Beispiele

© Verlag an der Ruhr | Autorin: Corina Altmann | www.verlagruhr.de Fit in Deutsch WORTARTEN: Nomen, Verben, Adjektive 89